政府购买居家养老服务绩效评价研究

孙金明　著

河北大学出版社
·保定·

政府购买居家养老服务绩效评价研究

出 版 人：朱文富
责任编辑：张　磊
装帧设计：张彦琪
责任校对：耿兆飞
责任印制：常　凯

图书在版编目（CIP）数据

政府购买居家养老服务绩效评价研究 / 孙金明著
. -- 保定 ：河北大学出版社，2022.3
ISBN 978-7-5666-2006-4

Ⅰ. ①政… Ⅱ. ①孙… Ⅲ. ①养老－社会服务－财政支出－经济评价－研究－中国 Ⅳ. ① D669.6

中国版本图书馆 CIP 数据核字 (2021) 第 280916 号

出版发行：河北大学出版社
地址：河北省保定市七一东路 2666 号　邮编：071000
电话：0312-5073019　0312-5073029
邮箱：hbdxcbs818@163.com　网址：www.hbdxcbs.com
经　销：全国新华书店
印　刷：永清县晔盛亚胶印有限公司
幅面尺寸：170 mm × 240 mm
印　张：8.75
字　数：151 千字
版　次：2022 年 3 月第 1 版
印　次：2022 年 3 月第 1 次印刷
书　号：ISBN 978-7-5666-2006-4
定　价：38.00 元

前　言

进入 21 世纪以来，中国社会老龄化程度日益加深，老年人的养老服务需求呈现出复杂多样的特点。伴随着家庭结构的转变，传统的家庭养老功能日益弱化，养老需求“外溢”，导致社会养老压力骤增。计划经济时期单纯依靠政府提供养老服务的单一模式已经难以满足老年人的多元化养老服务需求，为了更好地满足老年人的养老服务需求，以及推进以“小政府、大社会”为主要特征的中国行政体制改革，政府需要广泛动员社会组织参与到养老服务供给中来，向社会组织购买养老服务便是政府向社会转移养老服务的一种方式。

在中国，多数老年人更倾向于在家庭中养老，居家养老能够使需要照顾的老年人继续留在熟悉的家庭和社区环境中维持独立的生活，并能获得必要的照顾，同时也更加符合中国老年人的传统心理和情感需要。因此，居家养老成为中国社会养老服务体系的核心和基础，这也使得各级政府向社会组织购买居家养老服务正在成为一种普遍现象。

当前，政府购买居家养老服务项目在很多地区落地生根，并逐渐发挥出项目的效果，赢得了老年人的认可，为许多居家老年人提供了必要的生活保障。但是由于政府购买居家养老服务还是一个新生事物，在我国，尤其是河北省尚处于起步和探索阶段，各类主体对其了解不够，服务体系仍不完善，特别是缺少绩效评价环节。随着政府购买居家养老服务力度的加大，社会各界愈发关注政府购买服务的实际效果，即“是否把钱花在了刀刃儿上”。因此，构建合理的绩效评价机制，对于回应公众关切、确保服务品质意义重大。

本研究结合河北省实际，围绕“如何构建政府购买居家养老服务绩效评价体系”和“政府购买居家养老服务绩效现状”两个核心问题开展研究，旨在构建科学、合理且具有可操作性的政府购买居家养老服务绩效评价逻辑框架与评价体系，并将其应用到实际绩效评价中，为有效改善省内居家养老服务效率和服务质量、提升政府绩效管理水平提出对策建议。

本研究主要采用深度访谈法和问卷调查法收集资料，共访谈正在使用居家养老服务的老年人 12 人、机构管理人员 5 人、一线服务人员 4 人、政府工作人员 2 人，共收集有效调查问卷 557 份，其中预调查阶段收集有效问卷 142 份，正式调查阶段收集有效问卷 415 份，有效问卷回收率为 88.83%。本研究应用的资料分析方法主要包括数据包络分析法、量表信度检验、量表效度检验和层次分析法，并借助 SPSS 20.0、DEAP 2.1 软件对数据进行分析。

本研究发现影响政府购买居家养老服务效率和服务质量的主要问题有：

(1) 前期的需求调研不足，服务内容与老年人服务需求之间匹配度低；

(2) 对社会组织的服务承接能力考核不够全面、门槛标准设置缺乏合理性；

(3) 缺少合理的定价机制；

(4) 养老服务人员流动性大，服务能力与专业性有待提升；

(5) 在服务绩效评价方面，缺少第三方评价机制。

基于上述问题，本研究提出以下几点建议：

(1) 根据老年人的实际生活状况，建立居家养老服务需求反馈及满足机制；

(2) 培育和规范社会组织，提升购买服务的效率和质量；

(3) 提高各级政府购买居家养老服务的管理能力；

(4) 加强居家养老从业人员队伍建设，提升其服务能力与专业化水平；

(5) 建立完善的政府购买居家养老服务绩效评价机制。

目　录

第1章　绪论

1.1　研究背景

1.1.1　人口老龄化程度的不断加深及居家养老服务的兴起

国家统计局公布的全国第七次人口普查数据显示，截至2020年底，我国60岁及以上老年人口为2.64亿人，占全国总人口的18.7%，65岁及以上老年人口为19 064万人，占全国总人口的13.50%。与2010年第六次人口普查相比，“七普”中60岁及以上老年人口的比重上升了5.44个百分点，65岁及以上老年人口比重上升了4.63个百分点，上升幅度分别为2.51个百分点和2.72个百分点，这表明在过去的10年，我国人口的老龄化程度进一步加深。

在“七普”调查中，河北省60岁及以上老年人口占全省总人口的比重为19.85%，65岁及以上老年人口占全省总人口的比重为13.92%，这两项数据均超过了全国整体水平。与第六次人口普查相比，60岁及以上老年人口比重上升了6.85%（“六普”调查中该数据为13%），65岁及以上老年人口比重上升了5.68%（“六普”调查中该数据为8.24%）。与第五次人口普查相比，河北省60岁及以上老年人口占全省总人口的比重上升了9.57%（“五普”调查中该数据为10.28%），65岁及以上老年人口占全省总人口的比重上升了6.87%（“五普”调查中该数据为7.05%）。由此可见，在过去的20年间（2000至2020年），河北省的人口老龄化程度不断加深，且目前河北省的人口老龄化率高于全国水平，可以预见在未来较长的一段时期内，河北省面临的养老压力会日益增大。

与传统社会相比，现代社会面临的养老形势更加复杂和严峻。一方面，老年人口持续增加，但传统的家庭养老模式却日渐式微，社会养老压力骤增。在传统社会中，养老主要依靠家庭内部力量，家庭成员是老年人晚年最重要的资源提供者，但是随着现代社会家庭出现规模小型化、核心化的趋势，传统的家庭养老模式难以为继，家庭养老服务出现的巨大缺口需要由社会养老服务进行补充。另一方面，随着社会经济的发展，老年人的生活水平不断提升，老年人对于晚年生活的要求不再仅仅是物质层面的“吃饱”“穿暖”，而是开始追求更高层次的物质与精神生活，老年人的养老服务需求开始呈现出多样化、层次化与个性化的特点，这也对社会养老提出了更高的要求。如何更好地满足老年人日益增长的多元化养老服务需求，保障老年人晚年的幸福生活成为现代社会亟待解决的重要难题。

针对现阶段我国家庭养老功能弱化、养老服务需求日益复杂多样的现状，政府开始大力发展社会养老服务，构建社会养老服务体系，由社会向老年人提供养老服务。2010 年，《政府工作报告》中明确提出“要加快建立健全养老社会服务体系”；2011 年颁布的《中国老龄事业发展“十二五”规划》进一步提出，要构建“居家为基础、社区为依托、机构为支撑的社会养老服务体系”，“重点发展居家养老服务”；2017 年出台的《“十三五”国家老龄事业发展和养老体系建设规划》中指出，要健全“居家为基础、社区为依托、机构为补充、医养相结合的养老服务体系”。在不断发展和完善的社会养老服务体系中，居家养老一直处于核心地位，发挥着基础性作用。广大学者同样认为居家养老在当前和未来相当长的一段时期内会成为中国式养老的主要形式，多数老年人也更倾向于在熟悉的社区环境中养老，如孙鹃娟等学者根据中国老年社会追踪调查数据分析得出，超过九成的老年人愿意在家中安享晚年，居住在熟悉的家庭环境中更加符合中国老年人的传统心理和情感需要。居家养老能够使需要照顾的老年人继续留在社区或他们原来的生活环境中维持独立的生活，同时又能获得必要的照顾，实现“就地老化”。因此，居家养老成为中国社会养老服务体系的核心和基础。

1.1.2 政府购买居家养老服务的探索与实践

20世纪70年代后期兴起的福利多元主义和新公共管理两种理论思潮助推了政府购买公共服务实践的开展。第二次世界大战结束后至20世纪70年代初，西方资本主义国家的经济高速发展，被称为资本主义的“黄金时代”，作为显著性标志，西方国家逐步建立起福利国家。福利国家是全员福利，政府是唯一的福利供给主体，这意味着政府需要投入巨大的财政开支才能维持这种繁荣的局面。但伴随着20世纪70年代世界资本主义经济危机及滞胀局面的出现，西方资本主义国家原本靠高福利掩盖的一些缺陷瞬间暴露无遗。经济危机及滞胀局面的出现对国民经济造成严重破坏，之前靠经济高速发展维持的社会福利政策无法继续，政府无能为力，出现大量失业，公众对政府逐渐丧失信任。对福利国家的批评也纷至沓来，逐渐形成福利多元主义思潮，如要求改变福利提供主体单一化，主张引入市场、社会组织、普通民众等不同主体参与社会福利的供给，以弥补政府职能的失灵，实现福利提供主体（福利来源）多样化。新公共管理理论则认为政府在公共服务供给领域的作用应该是“掌舵者”，而非“划桨者”，提出了一种公共服务供给的新形式，即由政府出资购买公共服务。受新公共管理理论和福利多元主义理论的影响，福利国家纷纷开始尝试由政府向其他社会力量购买公共服务，通过向社会组织购买服务的方式达到减轻政府负担，提升服务绩效，进而赢得民众支持的目的。

在中国，随着老龄化社会的到来，社会养老服务短缺的问题日益凸显，计划经济时期单纯依靠政府提供养老服务的单一模式已经难以满足老年人的多元化养老服务需求，为了更好地满足老年人的养老服务需求，以及推进以“小政府、大社会”为主要特征的中国行政体制改革，政府需要广泛动员社会组织参与到养老服务供给中来，向社会组织购买养老服务便是政府向社会转移养老服务的一种形式。

2013年，国务院办公厅颁布了《关于政府向社会力量购买服务的指导意见》，强调要加强和创新社会管理，改进政府提供公共服务的方式。明确要求在养老、医疗卫生等基本公共服务领域，更多地利用社会力量，加大政府向社会力量购买服务的力度。在我国，政府向社会组织购买公共服务已不再是特例，而正在成为一种普遍现象。

现阶段我国的居家养老服务具有典型的公共产品属性，居家养老服务也被称为“限价公共服务”。鉴于居家养老服务公共产品的属性，其发展过程和运作机制都需要政府规制，政府应该承担起制度安排、资源输入与风险规避的责任，而将具体生产任务交给社会组织。国内学者普遍认同居家养老服务的供给应该以“政府购买”的方式实现。当前，在老龄化社会及构建国家治理体系和推进国家治理能力现代化的背景下，政府购买居家养老服务的形式受到中央及地方各级政府的青睐，并相继出台了一系列政策鼓励政府落实购买居家养老服务。如2014年财政部出台的《关于做好政府购买养老服务工作的通知》，明确要求“到2020年要基本建立比较完善的政府购买养老服务制度……”；2015年，民政部、发展改革委、教育部等十部委联合发布了《关于鼓励民间资本参与养老服务业发展的实施意见》，《意见》中提出要“鼓励民间资本在城镇社区举办或运营老年人日间照料中心、老年人活动中心等养老服务设施，为有需求的老年人提供就餐、助浴、健康和上门照护等服务”；2016年，由民政部、财政部联合颁布的《关于中央财政支持开展居家和社区养老服务改革试点工作的通知》中明确提出要开展居家和社区养老服务改革试点，有效提升居家养老服务供给能力，满足绝大多数老年人在家养老的愿望；2019年，国务院办公厅颁布了《关于推进养老服务发展的意见》，《意见》提出要支持养老机构运营社区养老服务设施，上门为居家老年人提供服务。在具体实践方面，2000年上海市的12个街道开始试点政府购买居家养老服务；2003年南京市鼓楼区推出“居家养老服务网”工程，由政府出资，民间组织运作，为独居老人提供居家服务。截至2020年底，我国绝大多数省会城市和经济发达城市都已经开展了政府购买居家养老服务工作，购买机制逐步健全。

1.1.3 河北省政府购买居家养老服务的实践

河北省围绕加快建立居家社区机构相协调、医养康养相结合的养老服务体系，连续3年实施了社区和居家养老工程，截至2021年3月，全省城镇街道居家养老服务中心覆盖率由43.3%提高到100%，养老服务设施覆盖了83.3%的城镇社区。

在河北省，石家庄、保定、唐山等城市正逐步开展政府购买居家养老服务工作，并积累了一定的工作经验。

2010年，保定市以政府购买服务的方式建立了便民服务热线“12349”，即老年人紧急救助服务平台，为居民提供紧急救助、生活帮助、主动关怀等3方面的服务。政府为老年人提供话费补贴，并负责政策引导、业务监督，服务平台负责提供信息服务，企业负责提供实体服务，希望将城市变为“没有围墙的养老院”，从而探索居家养老服务新模式。

2013年，张家口市桥东区开始探索政府购买居家养老服务项目，该区每年投入100万元，根据按需施助的原则，为全区符合条件的老人发放养老服务卡，老人可凭卡享受助餐、助浴、助洁、助急、助医等服务。

2014年，石家庄市颁布了《石家庄市政府购买社区居家养老服务实施方案》，《方案》中，石家庄市政府分别向具有石家庄市区户籍且在市区居住的60周岁及以上的“三无”老人、低保老人、社会孤老、重度失能老人和90周岁及以上高龄老人，每月给予300元、100元、200元、500元、200元的服务补贴。服务补贴只能用于购买清单内的服务（包括家政服务、信息归集及劳务派遣服务、社会评估服务等），不得用于购买其他商品。

2017年，唐山市正式实施政府购买居家养老服务试点工作。唐山市政府依托唐山民政“12349”信息平台开展购买居家养老服务试点工作，通过社会服务机构承接，为服务对象提供助餐、助洁、助医、助购、助急等“走进门”的居家养老服务。享受服务的对象包括：具有试点街道户籍且实际居住在本区域范围内的低保家庭中60周岁以上的失能老人，年满60周岁以上的失独、失能老人，年满 60 周岁以上的城市“三无”老人，年满 60 周岁以上的重度残疾一级、二级老人，年满 70 周岁以上的独居且因子女残疾、重病不能履行赡养义务的老人，年满 75 周岁以上的低保老人。

当前，政府购买居家养老服务项目在很多地区落地生根，并逐渐发挥出项目的效果，赢得了老年人的认可，为许多居家老年人，尤其是独居、空巢、孤寡、贫困等特殊老年群体提供了必要的生活保障。但是由于政府购买居家养老服务还是一个新生事物，在我国，尤其是河北省尚处于起步和探索阶段，各类主体对其了解不够，服务体系仍不完善，尤其缺少绩效评价环节。唐纳德·凯特尔指出，在向第三方社会组织购买服务时，政府需要成为“精明买家”，并有能力对购买的公共服务进行绩效评价。2014 年，民政部等多部委联合颁布的《关于做好政府购买养老服务工作的通知》中指出，政府在购买养老服务时，要加强绩效管理，建立评价机制和动态调整机制，提高政府购买养老服务的针对性和有效性，在具体实施中，要建立以老年人满意度为核心的综合评价机制，加强对购买养老服务的绩效评价。

政府购买居家养老服务绩效评价体系之所以重要，究其原因，一是绩效评价本身就是政府在管理承包合同的过程中所需倚重的调控工具；二是若没有绩效评价就无从判断外部购买是否提升了社会服务供给的服务效率和服务质量。政府购买居家养老服务的目的是给老年人提供高效且优质的服务，随着购买力度的加大，购买服务的实际成效成为社会关注的焦点，即“是否把钱花在了刀刃儿上”。因此，构建科学合理的绩效评价体系，对于回应公众关切、确保服务品质有着重要意义。

本研究结合河北省实际，围绕“如何构建政府购买居家养老服务绩效评价体系”和“政府购买居家养老服务绩效现状”两大核心问题开展研究，旨在构建符合实际且具有可操作性的政府购买居家养老服务绩效评价体系，并将其应用到实际的绩效评价之中，为有效改善河北省居家养老服务效率和服务质量、提升政府绩效管理水平提出对策建议。

1.2　研究意义

本研究基于相关理论，结合服务购买与递送流程，构建了政府购买居家养老服务的绩效评价逻辑框架与评价体系。通过开展实地调研，测量政府购买居家养老服务绩效水平，并提出绩效优化措施，其研究意义可分为理论意义和实践意义。

1.2.1　理论意义

在过往研究中，有关政府购买公共服务的绩效评价体系存在标准不一、维度与指标混乱的问题，究其原因在于未能从理论层面理清政府购买公共服务的相关事宜。本研究以新公共管理理论、绩效评价理论、社会服务评估理论为基础，分析了政府购买居家养老服务绩效评价的内涵、特点与功能。在此基础上，以服务效率和服务质量为核心构建政府购买居家养老服务的绩效评价逻辑框架，阐述了绩效评价的评价原则、评价方式，并基于调研资料，开发了政府购买居家养老服务绩效评价的维度与指标，丰富了政府购买公共服务绩效评价的相关理论建构。

1.2.2　现实意义

本研究的现实意义可以概括为以下两点。

第一，当前，政府购买居家养老服务的力度在持续加大，但是普遍存在“重前期购买、轻后期评价”的问题，政府购买居家养老服务的成效如何，是政府、社会和老年人共同关心的问题。因此，构建政府购买居家养老服务绩效评价体系具有重要的现实意义。

第二，本研究基于相关理论并结合实际调研，以服务效率和服务质量为核心构建了政府购买居家养老服务绩效评价体系，并开发了具体的评价指标，对河北省多个地市的政府购买绩效进行了实际测评，为改进服务质量、提升整体绩效提供对策建议，有利于居家养老服务的规范化和专业化，同时也为其他相关研究提供了测量工具。

1.3 文献综述

1.3.1 政府购买公共服务绩效研究

西方学者将政府绩效称为“国家生产力”或“公共生产力”。威廉·邓恩将政府绩效归纳为效益、公平、效率和经济等 4 个方面；威尔逊认为政府绩效是一种“综合导向”，包括了责任、回应、公平、效率、成本、质量、及时等内容；张少春认为政府财政支出绩效评价应包括效率、产品与服务的质量等内容；格里兹尔认为政府绩效评价应包括效率、成本—效益、服务质量、服务公正性等多个维度；奥斯特罗姆认为政府绩效标准应包括效率、公平、再分配公平、责任和适应性等内容。

在公共服务绩效评价上，阿森蒙指出，公共服务绩效评价应包括产出、质量、效率等内容；科尔尼和贝尔曼认为公共绩效评估应包括公正、效率和效益；卡尼和伯曼认为公共服务绩效评价应由效益、效率和公正等多个同等重要的要素构成；马丁提出了社会服务绩效评估模式，认为社会服务绩效评价应包含投入、过程、产出、品质和成效等 5 个维度，并包括效率、质量和效能等 3 个层面，其中，效率指的是产出与投入之比，质量指的是品质与投入之比，效能指的是成效与投入之比。

国内研究方面，周志忍认为政府绩效评价体系应包括投入、过程、产出、公众满意度和责任；倪星认为中国政府绩效评价的标准应坚持效率与公平并重、效率与民主兼顾、经济增长和社会发展同步的原则；蔡立辉认为政府绩效评价应涵盖效率、服务质量、公众满意度等多个维度。

在政府购买公共服务绩效评价方面，王春婷等人认为政府购买公共服务绩效评价应包括政府成本、效率、公众满意度等内容；刘素仙指出，评价政府购买公共服务的绩效状况，需要首先搞清楚3个核心问题，即“该不该”“值不值”和“好不好”，相对应的3个价值维度就是公共性、有效性和回应性；郁菁指出，政府购买社会服务的评价模式应该充分考虑到评价需求的变化和评价功能的多样性，要从注重结果导向和过程导向的评价模式，迈向整合主义导向的政府购买社会组织社会服务绩效评价模式。

1.3.2 政府购买居家养老服务绩效评价研究

当前，有关政府购买居家养老服务绩效评价的研究可大致分为两类：一类是理论层面研究，另一类是实证层面研究。

在理论研究方面，包国宪认为政府购买居家养老服务绩效是政府在购买居家养老服务过程中的效率、效益和质量；吉鹏、李放认为政府购买居家养老服务绩效是政府组织购买活动过程的“绩”与“效”之和，即“做了什么样的事情”和“服务对象获得了什么效用”；刘红芹认为政府购买居家养老服务的绩效指政府在购买居家养老服务过程中的效率、效益和质量；储亚萍从服务质量、社会公平度、公众满意度、服务效率和政府成本等维度衡量了政府购买居家养老服务绩效的高低；章晓懿、梅强依据绩效评价“4E”逻辑框架，从经济性、效率性、效果性和公平性等4个方面设计了社区居家养老服务绩效评价的指标体系，就过程来说，投入是否满足经济性要求，过程是否合规与合理，就结果来说，产出与投入相比是否有效，结果是否达到预期。

在实证研究方面，魏中龙等人采用系统工程的Delphi方法构建了政府购买服务效率评价指标，结合专家访谈、调查问卷等方法获取有效数据，建立了基于SOM神经网络的效率评价模型，以居家养老服务为例对政府购买服务进行实证研究，为提高政府购买服务效率提出合理化建议；宁靓、李纪琛将绩效棱柱模型引入政府购买服务的绩效评价中，构建了绩效评价指标体系，并结合山东省3个城市的问卷调查进行了实证分析。研究表明，虽然政府购买服务的绩效总体处于“比较满意”的水平，但由于政府“官僚式”主导过强、忽视各利益相关者的能力，以及社区职责模糊等问题的存在，严重影响了绩效的提升，于是宁靓、李纪琛由此提出相关政策建议，如强化各利益相关者的能力并完善政府购买服务的内部流程，明晰社区的双重职责，建设“政府—社会组织—老年人及家属—社区”的动态协同服务网络等；刘红芹对兰州市城关区虚拟养老院的服务绩效进行了实地测量。

1.3.3 政府购买居家养老服务绩效的影响因素研究

在国外研究中，影响政府公共服务外包绩效的因素可以概括为以下 3 个层面：一是宏观社会环境，如经济繁荣程度和意识形态；二是政府管理能力，如政府合同管理能力，决策系统、监督系统、绩效评价系统及问责系统的规范程度；三是购买服务的自身特性，如外包服务类别的特殊性、市场经济程度、合约的性质、履行责任和评价项目的能力等。

在国内研究中，袁平采用定量研究的方法，通过数据分析发现，招投标机制的规范性、考评体系的严格性，以及公共服务外包合同的管理及履行能力会影响公共服务外包绩效；张开云的研究表明，公共产品绩效主要受到政府实施的制度，以及产权效率、政府财政制度安排和政府对社会的管理等因素的影响；王春婷认为宏观环境、对绩效执行过程的监控、政府对自身及对社会生活的管理水平和被纳入政府购买范围内的产品或服务所在市场的结构状况是影响政府购买绩效的主要因素；储亚萍、何云飞将影响政府购买居家养老服务绩效的因素概括为行政环境、政府管理能力、提供商承接能力、评价体系和行政文化；徐金燕指出，外部环境、政府管理能力、社会组织承接能力和市场竞争程度会对政府购买居家养老服务绩效产生影响。

从以上国内外学者对政府购买居家养老服务绩效的内涵界定及维度划分可以看出，作为社会公共服务，政府购买居家养老服务绩效应是对购买—生产—效果反馈全过程的评价，具体体现在政府选择居家养老服务生产者和生产者生产居家养老服务，以及消费者对服务的反馈等 3 个方面，并通过投入、产出和效果三要素来衡量。因此，服务效率和服务质量是衡量政府购买居家养老服务绩效的两个关键维度。其中，服务效率主要测量政府的投入、产出情况，服务质量主要测量老年人对服务的主观评价。

综上所述，目前学界对政府购买居家养老服务的研究已经起步，并积累了一定的研究成果，为开展本研究奠定了基础。但目前研究成果主要围绕“前期的购买行为”，对政府购买居家养老服务的意义、动力、购买模式等内容叙述较多，而对于政府购买居家养老服务绩效的评价研究则涉及较少，研究仍不够深入，在政府购买居家养老服务绩效的内涵、维度与评价指标的设计、开展实证研究等方面的成果积累较为薄弱，主要存在以下几方面的扩展空间。

第一，理论研究多，实证研究少。国内已有研究多聚焦在政府购买居家养老服务绩效评价模型的理论构建，有关政府购买居家养老服务绩效的系统性实证研究成果较少，尤其是随着河北省政府购买居家养老服务的不断拓展，省内相关研究仍较为滞后，这导致在实际开展工作的过程中缺乏有效指导。

第二，不同学者构建的绩效评价模型在测量维度和指标方面虽有一定重合性，但总体上较为混乱，尚缺少成熟、可行的政府购买居家养老服务绩效评价体系，究其根源，在于学界对于政府购买居家养老服务绩效的内涵界定尚未达成一致。

第三，在研究方法方面，定性研究数量多，定量研究成果少。多数研究成果都是采用定性研究方法，即结合某一案例进行分析，而采用定量研究的相关成果数量较少。

由此可见，如何在既有研究的基础上，结合本土实际，构建适合国情、省情的政府购买居家养老服务绩效评价体系，并将其应用于实践研究，就显得尤为必要且迫切。

1.4 研究思路

第一，对国内外政府购买公共服务及绩效评价的相关文献进行梳理和总结，重点阐述政府购买居家养老服务绩效评价的相应理论与核心概念，澄清政府购买居家养老服务绩效的基本内涵与维度。

第二，结合政府购买居家养老服务的实际运行过程，构建政府购买居家养老服务绩效评价的逻辑框架，重点从服务效率与服务质量两个维度构建政府购买居家养老服务绩效评价模型。

第三，开展实地调研，通过对调研数据的分析，衡量政府购买居家养老服务的实际绩效水平。

第四，基于调研发现，提出绩效优化的针对性建议。

本研究的研究技术路线如图 1-1 所示。

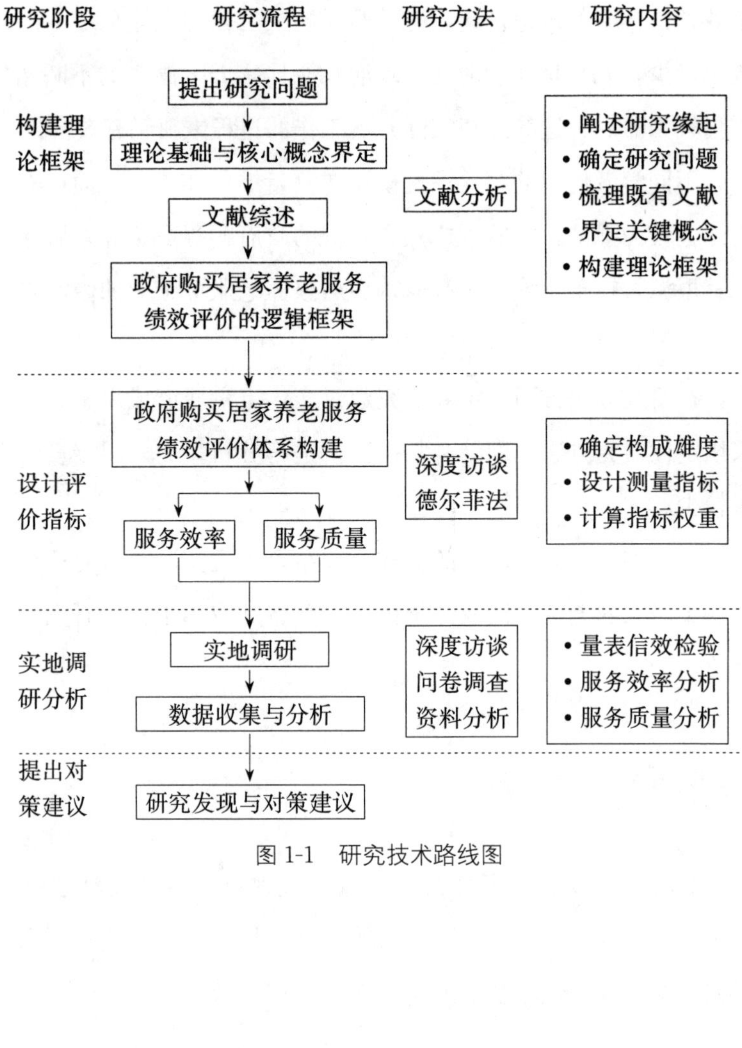

图 1-1　研究技术路线图

1.5 本研究章节结构

本研究共分为7章，各章主要内容安排如下。

第1章，绪论，主要介绍了研究背景、研究意义、文献综述、研究思路和章节结构等内容。

第2章，政府购买居家养老服务绩效评价的理论基础，主要对居家养老服务、政府购买居家养老服务、政府购买居家养老服务绩效评价等核心概念进行界定，并对新公共管理理论、政府绩效评价理论、社会服务评估理论等本研究的基础性理论进行阐述。

第3章，政府购买居家养老服务绩效评价体系的构建，主要介绍了政府购买居家养老服务绩效评价体系的价值取向、政府购买居家养老服务绩效评价体系的设计原则、政府绩效评价的既有模式、政府购买居家养老服务的绩效评价主体、政府购买居家养老服务绩效评价的逻辑框架等内容。

第4章，研究设计，主要对研究方法、测量工具、研究伦理等内容进行具体介绍和说明。

第5章，政府购买居家养老服务的效率评价，主要介绍了政府购买居家养老服务效率的内涵、政府购买居家养老服务效率评价指标设计、政府购买居家养老服务效率现状等内容，并根据实地调研资料对政府购买居家养老服务效率进行分析。

第6章，政府购买居家养老服务的质量评价，主要对服务质量的概念及评价模型、居家养老服务质量研究等内容进行了介绍，基于相关理论与实地调研，构建了政府购买居家养老服务质量评价体系，并对河北省居家养老服务质量现状进行了分析。

第7章，提升政府购买居家养老服务绩效的建议，主要基于本研究中的发现，对当前政府购买居家养老服务中存在的问题进行了总结，并提出了相关的政策建议。

第 2 章　政府购买居家养老服务绩效评价的理论基础

本章对居家养老服务、政府购买居家养老服务、政府购买居家养老服务绩效评价等核心概念进行界定，并对新公共管理理论、政府绩效评价理论、社会服务评估理论等本研究的基础性理论进行阐述。

2.1　核心概念

2.1.1　居家养老服务

居家养老来源于英国的“社区照顾”这一概念，是一种以社区为单位组织的养老形式，所居之地即为养老之地。20 世纪 80 年代，我国已经有了居家养老的理念和政策。进入 21 世纪，居家养老服务工作得到进一步发展。作为一种养老方式，虽然当前学界在“居家养老”的概念界定上仍未达成一致，但对居家养老服务的认识则较为一致。

2008 年全国老龄办联合十部委颁布的《关于全面推进居家养老服务工作的意见》中，将“居家养老服务”明确界定为“政府和社会力量依托社区，为居家的老年人提供生活照料、家政、康复护理和精神慰藉”等方面服务的一种服务形式。

从上述政府对居家养老服务的界定中可以总结出居家养老服务的以下特点。

第一，居家养老服务供给主体多元性。居家养老服务的政策制定者主要是各级政府部门，而居家养老服务的提供者则可能是基层政府、非营利非政府组织、基层群众性自治组织和志愿者等。在服务场所方面，具体有市、区级居家养老服务指导中心、街道居家养老服务中心、老年日间照料中心、社区养老服务驿站、老年助餐服务点、社区医院、老年协会、老年活动室等。

第二，居家养老服务项目的设置以满足老年人的服务需求为导向。居家养老服务项目是基于老年人的服务需求而设置的，目的是满足老年人的社区养老服务需求，为老年人提供全方位的居家养老服务。国内外学者在设计居家养老服务项目时均以老年人的具体需求为依据，如美国杜克大学开发的“美国老年人资源与服务量表”（The Old Americans Resources and Service，OARS），依据老年人在社会资源、经济资源、精神健康、身体健康和日常行动（ADL）等 5 个维度的需求，将居家养老服务项目划分为家政、巡视、交通、照护、护理、持续性看护、心理健康、个人事务和综合评估等 24 项。在国内，多地推出的居家养老服务项目总体一致，但略有差异，体现出各地的不同服务特色，如上海市推出的“六助服务”，包括助餐、助浴、助洁、助行、助急、助医，主要满足社区老年人在生活照料、医疗保健和精神慰藉等方面的服务需求。上海市静安区在“六助”的基础上，将居家养老服务增加为“十助”，包括助餐、助急、助浴、助医、助洁、助困、助学、助乐、助游、助聊。《北京市居家养老服务条例》中将居家养老服务分为助餐、助医、助洁、助浴、助急、康复护理、精神慰藉、日间照料等服务。

第三，居家养老服务具有公共产品属性。在我国，政府全资购买的居家养老服务属于公共产品，政府部分购买或服务机构以低价提供服务的属于准公共产品，由老年人全额支付费用的服务属于私人产品。现阶段居家养老服务的公共产品属性更为突出，故也被称为“限价公共服务”。现阶段鉴于社区居家养老服务公共产品的属性，其发展过程和运作机制都需要政府规制，政府应承担起制度安排、资源输入与风险规避的责任，而将具体生产任务交给社会组织。广大学者基本认同居家养老服务的供给应该以“政府购买”的方式实现，这既体现出居家养老服务的公共产品属性，也体现出政府供给公共服务模式的科学高效转型，以及国家现代化治理能力的提升。

此外，也有学者总结了居家养老服务的一些其他特点，如服务的专业性、服务内容的多样性、服务人群的特定性等。

综上所述，本研究将居家养老服务界定为：由政府兴办或政府向社会组织购买的，以社区养老驿站、街道社区照料中心、社区日间照料中心等作为服务提供平台，为居住在家的老年人提供社会化服务以满足老年人社会化养老服务需求的养老服务形式。

2.1.2 政府购买居家养老服务

诸多学者均对“政府购买居家养老服务”这一概念进行过学术界定，总结起来可以概括为以下几点。

第一，购买服务的目的。政府购买居家养老服务的目的是履行社会服务职能，缓解社会养老压力，满足老年人的养老服务需求。

第二，购买形式。由政府出资，通过公开招标或委托购买等形式向符合资质的社会组织购买养老服务，由承接服务的社会组织为老年人提供服务。

第三，政府的角色是购买者和监督者而非生产者。政府除了负责出资，还要负责对服务过程进行监管，政府要根据对承接方的服务评价情况支付服务费用。

2014 年 8 月，财政部等四部委联合发布了《关于做好政府购买养老服务工作的通知》，文件中的相关内容同样适用于指导政府购买居家养老服务工作的开展，其中部分内容专门针对政府购买居家养老服务做了要求和说明。本研究结合该文件对政府购买居家养老服务的购买主体、承接主体、服务内容等特点进行了总结。

第一，购买主体。依据《关于做好政府购买养老服务工作的通知》的要求，购买居家养老服务的主体是承担养老服务的各级政府部门和具有行政管理职能的事业单位。此外，纳入行政编制管理且经费由财政负担的群团组织，也可通过购买服务的方式提供养老服务。从各地的工作实践来看，购买主体以民政部门为主。

第二，承接主体。与《国务院办公厅关于政府向社会力量购买服务的指导意见》中规定的承接主体条件一致①。在各地的工作实践中，达到竞标准入门槛的社会组织都有机会参与到政府购买居家养老服务中来。

第三，服务内容。《关于做好政府购买养老服务工作的通知》中规定，政府购买的居家养老服务主要包括为符合政府资助条件的老年人提供助餐、助浴、喘息服务、社区日间照料、文娱活动等服务。居家养老服务的主要内容见表 2-1。

表 2-1　居家养老服务的主要内容

服务项目	服务内容
家政类服务	室内清洁、洗衣、做饭、管道疏通、水电气设施维修等
生活照料服务	助餐、理发、洗澡、缝纫、换气送水、陪同外出、日间照料、紧急呼叫、探访等
医疗康复服务	建立健康档案、健康培训、定期体检、康复护理、疾病预防等
文化娱乐服务	书法、上网、绘画、戏曲、各类运动项目等
精神慰藉服务	心理咨询、心理疏导、陪同聊天、社区关怀等
法律援助服务	法律讲座、诉讼代理、司法救助、矛盾调解等

2.1.3　政府购买居家养老服务绩效评价

政府购买居家养老服务属于政府采购行为，裴育将政府采购绩效界定为政府采购产出与投入之比；姜爱华认为政府采购绩效评价是指运用科学、规范的绩效评价方法，比照统一的评价标准，按照绩效的原则，对政府采购活动及其

① 承接政府购买服务的主体应具有独立承担民事责任的能力，具备提供服务所必需的设施、人员和专业技术的能力，具有健全的内部治理结构、财务会计和资产管理制度，具有良好的社会和商业信誉，具有依法缴纳税收和社会保险的良好记录，并符合登记管理部门依法认定的其他条件。

效果进行的科学、客观、公正的衡量和评判；包国宪认为政府购买居家养老服务绩效是指政府在购买居家养老服务过程中的效率、效益和质量；吉鹏、李放认为政府购买居家养老服务绩效是政府组织购买活动过程的“绩”与“效”之和，即“做了什么样的事情”和“服务对象获得了什么效用”。

综上所述，政府购买居家养老服务绩效评价是对政府购买居家养老服务的全过程及购买效果进行的一系列科学、客观、公正的衡量和评判，政府购买居家养老服务绩效评价重点关注的是“买到了哪些服务”，以及服务“值不值”和“好不好”。

2.2 理论基础

2.2.1 新公共管理理论

新公共管理理论是20世纪70年代末在西方发达国家兴起的公共管理改革理论。与以往传统的在公共行政框架内为了降低行政管理成本、减少行政费用开支而进行的局部调整或改革不同，新公共管理理论是对传统公共行政模式的一种全面清算和否定。

新公共管理理论认为传统的政府管理体制存在种种难以克服的弊端，需要对旧的管理体制进行彻底改革，其中，政府购买公共服务就是实现公共管理方向性变革的重要举措。应该认识到，政府购买公共服务不是救急之举，而是公共管理与治理的新常态。

在学术界，一些知名学者（如胡德、温森特·怀特、陈振明）和国际组织（如经济合作与发展组织）等均对新公共管理理论的主要内容进行过总结和阐述，且学者们之间的共识大于分歧。由此，可将新公共管理理论的内容归纳为以下几点。

第一，政府的职能是“掌舵”而非“划桨”。新公共管理理论认为政府应该从具体的公共服务供给中淡出，集中精力于决策领域，通过出台相关政策引导和鼓励公共服务生产，满足公众需要。同时增强社会组织的服务理念，促进社会组织自治能力的提升。

第二，政府应注重授权或分权。新公共管理理论认为分权是实现较高行政绩效的必备条件，将权力下放或分散化有利于各组织在应对形势变化时采取更加灵活的措施调整自身结构，从而保持良好的行政绩效。因此，新公共管理理论主张各级政府都应将部分权力下放，通过分权增强基层政权的自主性，进而提高行政效率。

第三，注重公众需求。新公共管理理论非常重视公众的作用，其将政府比作“企业主”，将公众比作“消费者”，认为“企业主”应时时关注“消费者”的需求，政府应依据公众需求提供相应服务，并将是否满足公众需求作为衡量公共服务绩效的关键指标。

第四，引入市场竞争机制。新公共管理理论主张在公共服务领域引入市场竞争机制，使公共服务部门接受市场检验，形成良性竞争，通过优胜劣汰，提高服务水平，实现资源的优化配置，提升服务效率和服务质量。

第五，专业化管理。新公共管理理论主张在政府中让更多的管理型人员担任部门领导，这有利于提升公共服务的整体管理水平，避免公共服务资源的浪费，提升服务效率。

第六，绩效评价。新公共管理理论主张以“3E”为标准（即经济、效率和效益）对公共部门绩效进行评价。

新公共管理理论对本研究有以下启示。

第一，在政府购买居家养老服务过程中，政府的角色应该是“掌舵者”，而不是“划桨者”，政府需要明确自身定位，将“掌舵”（管理）与“划桨”（服务）分开，政府应主要负责政策制定、出资和监管，而由社会组织直接为居家老年人提供养老服务。政府与社会组织各司其职，通力合作，有利于提升政府购买服务的效率，有利于为老年人提供高品质服务。

第二，居家养老服务属于公共服务，在居家养老服务的供给上，政府应充分发挥社会组织的力量，通过民营化、服务外包等多种购买方式，与养老服务机构等社会组织结成公私伙伴关系，由社会组织向居家老年人提供养老服务。

2.2.2 政府绩效评价理论

20 世纪 70 年代，西方发达国家面临财政赤字、政府公信力下降的困境，为解决经济危机、管理危机、财政压力和政府公信力下降等问题，西方社会掀起了再造政府的新公共管理改革运动。加强政府绩效管理是这次运动的重要主张，谋求政府公共管理的高效率和对公众负责是这次运动的中心目标。

2.2.2.1 政府绩效的内涵

20 世纪 50 年代，美国设立的绩效预算制度标志着绩效评价开始正式被应用到政府公共管理中。当代的政府绩效评价指的是 20 世纪 70 年代以来，西方国家的政府在改革过程中产生并发展起来的一项政府改革措施。历经半个多世纪的发展，人们对政府绩效评价内涵的认识也逐渐深入和丰富起来。

谢尔登、马蒂、詹姆斯、奥斯本、盖布勒等学者均对政府绩效评价进行过深入研究，有力地推动了政府绩效评价研究的发展。

除学者之外，各国政府部门也从开展实际工作的需要出发，制定了一系列有关政府绩效评价的规章和文件，其中也对政府绩效评价进行了界定。如《英国国家审计法》中将政府绩效评价定义为：检查某一组织为履行其职能而使用所掌握资源的经济、效率和效益情况；《美国标杆管理研究报告》一书中，将政府绩效评价定义为：绩效评价是评价达到预定目标的过程，包括输出效率、输出质量和结果。

我国学者颜如春、臧乃康、马宝成等人均对政府绩效评价的内涵进行了阐述，总结起来，政府绩效评价是按照一定的标准和程序，对政府的工作成效进行全面评价，以提高政府工作的针对性和有效性，评价内容包括经济绩效、社会绩效和政治绩效。

从上述国内外有关政府绩效评价内涵的界定可知，政府绩效评价的含义主要包括两个方面：一是作为政府内部的改革措施，体现了放松规制和市场化的改革取向，是一种以结果为本的控制；二是作为改善政府部门与公众的关系、提升公众对政府部门的信任的措施，体现了发展政府责任机制和顾客至上的管理理念。

2.2.2.2　政府绩效评价的指标

政府绩效评价蕴含的服务和顾客至上的理念强调政府在公共管理过程中必须坚持顾客导向，以回应和满足公众的社会服务需求为首要任务。这就需要政府以公众需求为中心，提高公共服务水平，再由公众对服务水平进行评判，这也成为政府在公共管理过程中普遍采用的方法。

在不断的理论与实践的探索中，20 世纪 60 年代，以经济、效率、效益为主要内容的“3E”评价法逐渐形成，该方法被多个国家所借鉴。后来随着社会对公平的不断重视，在“3E”评价法的基础上又增加了第 4 个“E”，即公平，形成了“4E”评价法。“公平”指标主张关注社会弱势群体，在公共服务供给上向弱势群体倾斜，接受服务的个体应受到公平对待。

在“4E”评价法的基础上，各国结合自身的评价需求制定了更为细化的绩效评价体系，如加拿大的政府绩效评价包括经济性、效率、效果、合法性等内容；澳大利亚的政府绩效评价包括投入产出、质量及结果三大类评价指标。

在学术界，构建政府绩效评价指标体系一直是研究的热点。1978 年，鲍斯特提出了包含效能、效率、充分性、适当性、公平性、反映度和执行能力在内的 7 项指标。后来，如威廉·邓恩等学者基本沿用了鲍斯特的标准，提出了包括效果、效率、充足性、公平性、回应性和适宜性在内的 6 项政策评价标准。在后续发展中，评价标准虽然在表达上略有变化，但实质性变化较少，英国学者克里斯托弗·鲍利特将评价标准分为 7 个维度，如表 2-2 所示。

表 2-2　克里斯托弗·鲍利特划分的政府绩效评价标准

评价标准	解释性说明
效能	最初的目标实现到了什么程度，取得的成效是否与目标相吻合
成本效能	不仅要考虑目标实现的程度，还要考虑目标实现的成本。如果两种不同的政策都可以实现同样的目标，那么人们需要选择成本较低的方式完成任务
全面影响力	一项政策的全面影响力是什么，这不仅包括目标实现的程度，也要看可能拥有的有意或无意的其他影响力。当然也有可能产生各种“副作用”，既有正面的，也有负面的，这类标准也被称为“无目标”评价
效率	产出是否能够最大化地满足既定投入的要求，也就是说，投入与产出之比能否尽可能的高
经济	各种投入的购买价格是不是最低的，是否有资金浪费的现象
回应性	项目计划的制定和执行是否征询了其他利益主体的意见，是否顾及所有受到影响的各方群体的需要
程序性更正	项目是否按照法律和规定执行，所有列出的要求是否都进行了适当评述，项目是否存在腐败问题

国内有关政府绩效评价的代表性成果如表 2-3 所示。

表 2-3　国内代表性学者的政府绩效评价标准划分

学者	评价标准
陈振明	生产力、效益、效率、公平、政策回应性
负杰、杨诚虎	技术标准：经济、效益、效率、工作过程；社会政治标准：公平标准、社会标准、科学标准、可行性标准
毛劲歌、刘伟	充分性、公平性、适宜性
张润泽	形式维度、事实维度、价值维度
金敏力、周晓世	经济、效率、效果、公平、公众满意度及战略相关性
姜国兵	公共性、政府责任和公众满意度

综上所述，虽然国内外学者在政府绩效评价体系的指标设计上存在差异，但多数体系均包含了以下两类指标：一类是可计算的指标，如做了多少工作、提供了多少服务、效率如何；另一类是可感知的指标，如工作的实际效果如何、公众的满意度情况。

政府绩效评价理论对本研究有以下启示。

第一，政府购买居家养老服务的根本目的是通过竞争的方式，为老年人提供质量更好、效率更高的养老服务，而服务效率的高低、服务质量的优劣需要通过科学化、规范化的绩效评价体系来衡量。因此，构建合理的政府购买居家养老服务绩效评价体系对于提升服务效率、服务质量，不断满足老年人的居家养老需求具有重要意义。

第二，有学者指出，单纯用效率指标进行评判是片面的，效率和满意度是评价服务绩效必不可少的两个方面，其中满意度是首要的，效率则位居第二，因为效率只有在取得效果的前提下才有实际意义，而在没有效果的情况下，再高的效率也只是空谈。因此，本研究拟构建的政府购买居家养老服务绩效评价体系应该包括服务效率和服务满意度两个方面，在两者的关系上，首先考虑的是服务满意度，即重点衡量老年人养老服务需求是否得到满足，其次是服务效率，即衡量政府购买居家养老服务的投入与产出之间是否匹配。

2.2.3　社会服务评估理论

社会服务是一种针对因年龄、残疾、贫困等原因造成的困难群体、弱势群体提供的服务，这种服务具有社会福利性、公益救助等特征。社会服务同样需要评估，这是因为对社会服务进行评估能够监督服务递送流程，帮助服务提供者改进服务，同时也能够积累服务评估经验和知识，为政府的科学决策提供有力证据，以及帮助社会大众更好地知晓弱势群体的处境，理解社会问题。

因此，社会服务评估要回答的问题主要包括（服务方）提供了何种服务、该服务是否值得去做、服务的意义和作用如何。评估者在回答上述问题后还需要将评估的结果知会社会行动，从而有助于决策者进行决策。由此可见，社会服务评估的作用是及时发现社会服务实施过程中的问题，调整社会服务的发展方向和优先领域，确保服务目标的实现并取得最好的成效，还可以搞清楚社会服务是否达到目标、结果如何，以及怎样修正才可以更好地达到目标。

西方国家的社会服务评估的发展开端可追溯至 17 世纪的教育和公共健康领域。在随后的近 400 年间，社会服务评估经历了形成时期、改革时期、繁荣时期和整合时期。

在进入整合时期后，社会服务的评估模式开始层出不穷。学者们对社会服务评估模式进行了多种划分，如表 2-4 所示。

表 2-4　典型的社会服务评估模式

代表人物	评估模式
沃森	前瞻性评估和总结性评估
欧文、罗杰斯	前摄性评估、澄清性评估、互动性评估、监测性评估、影响性评估
沙弗兰克	消费者模式、个人模式、功能模式、成就模式
菲茨帕特里克	目标导向模式、顾客导向模式、管理导向模式、专家导向模式、参与模式
斯塔弗尔比姆等	假评估模式、问题/方法取向评估模式、改进/绩效问责评估模式、社会议题导向模式
尼古拉斯·泰勒	技术专家论—行动、技术专家论—研究、参与—行动、参与—研究
施托克曼、梅耶	认识、监督、发展和证明
范斌、张海	结果导向、过程导向和整合导向

工作实践表明，单独以社会服务结果或服务过程作为评估标准都是不够的，唯有将服务过程和服务结果有机结合起来才能保障社会服务的品质。基于此，范斌和张海将社会服务的评估模式划分成为结果导向、过程导向和整合导向，并认为整合评估将会成为占据主导地位的评估模式。

社会服务评估理论对本研究有以下启示。

第一，居家养老服务是为老年人提供服务，这种服务具有社会福利性、公益救助等特征，属于社会服务范畴，需要对居家养老服务的服务过程、服务结果、服务效率、服务效果等情况进行评价。

第二，在对政府购买居家养老服务绩效进行评价时，要采用整合导向的评价方法，坚持过程评价与结果评价相结合、定量评价与定性评价相结合，力求保证评价结果的信度与效度，全面、客观地评价政府购买居家养老服务绩效，及时发现问题、改正问题。

第 3 章　政府购买居家养老服务绩效评价体系的构建

本章首先介绍了政府购买居家养老服务绩效评价体系的价值取向和设计原则，然后系统阐述了政府绩效评价的既有模式，最后以整合模式为基础构建了包含服务效率、服务质量两维度的绩效评价逻辑框架。

3.1　政府购买居家养老服务绩效评价体系的价值取向

在政府绩效评价体系的构建中，价值取向是非常重要的影响因素，维度的构成、指标的设计、方法的选择、评价结果的运用等都受到价值取向的影响。

绩效评价就是要对政府的“所作所为”及一系列的行为效果进行客观评价，目的是提高政府的管理能力和服务能力，满足老年人的养老服务需求。政府绩效评价有两条价值主线：一条是政府要关注公众需求，以满足公众需求为目的；另一条是绩效评价要以公众利益为中心，为公众利益负责。

首先，绩效评价需要关注政府购买的服务项目与老年人的实际需求之间是否具有契合性，即政府购买的服务项目是否以满足公众需求为目的，是否做到了对公众需求的准确把握。政府购买居家养老服务是政府履行养老管理职能的体现，政府购买服务的目的是满足老年人的养老服务需求，因此在制定购买服务清单时要以多数老年人的实际需求为基础，以保证服务清单的合理性，真正做到“把钱花在刀刃儿上”。若政府在采购服务项目时没有考虑到多数老年人的实际需求，而是进行盲目采购，那么这种行为就是无效的，不仅没有效率，更不会有好的效果。因此，在设计绩效评价体系时，首先需要考虑到老年人的实际养老服务需求，并基于服务需求审视政府的购买服务清单。若购买服务清单中涵盖了绝大多数老年人的服务需求，服务项目与老年人的服务需求匹配度较高，那么就可以判定政府的购买行为具有合理性；若购买服务清单中只涵盖了一部分或几乎没有涵盖老年人的服务需求，服务项目与老年人的服务需求匹配度较低，那么就可以判定政府的购买行为欠缺合理性，应当对购买服务清单进行调整，调整的依据便是老年人的实际养老服务需求。简而言之，政府应该购买多数老年人都迫切需要的服务，这是政府购买服务的重点，也是保证购买绩效的关键。

其次，绩效评价的目的是保证政府的购买行为既能够满足公众需求，又能在服务提供过程中维持较高的资源利用效率，而政府购买服务的最终目的是让公众能够享受到优质的服务，因此，维护公众利益是绩效评价的根本出发点和立足点。在绩效评价的发展历程中，从最开始注重经济效率到逐渐以公众满意为导向，从以政府为中心向以公众为中心转变，并开始强调公共服务对普通民众的意义，这都体现出公众利益在绩效评价中的地位越来越重要。对于公众需求的重视，体现出服务型政府以公众利益为重的价值取向，通过绩效评价，能够测量出政府购买居家养老服务的绩效得分，从而分析出制约绩效提升的因素，基于此，可以对存在的不利因素进行调整和改善，以达到提质增效的目的。此外，通过绩效评价能够对承接服务的社会组织进行等级划分，以作为今后政府采购服务时选择服务承接方的重要参考依据，绩效评价高的社会组织可以在未来获得更多的采购合同，而绩效评价低的承接方则逐渐被淘汰。

因此，本研究在设计政府购买居家养老服务绩效评价体系时，始终坚持以老年人为中心，注重衡量老年人的服务需求与政府购买的服务的一致性和匹配性。在逻辑框架设计上，既注重购买服务的经济效率，又注重老年人对服务的主观感受和评价，并将老年人对服务质量的评价作为衡量政府购买绩效的首要标准。

3.2 政府购买居家养老服务绩效评价体系的设计原则

基于相关绩效评价理论，并结合现阶段政府购买居家养老服务的实际开展情况，本研究在构建政府购买居家养老服务绩效评价体系的过程中坚持了以下几方面的原则。

3.2.1 全面性与特殊性相结合的原则

首先，绩效评价指标要能够较为全面地反映政府购买服务的各方面情况，如各类资源的投入和利用情况、产出的服务项目的数量、服务人数、服务满意度等。其次，由于服务项目、服务人群的差异，因此在绩效评价指标的设计上也应有所区别，如政府对特殊困难老年人的经济补助应特别注重补助资金的到位率、使用率，而对家政类居家养老服务则应侧重服务质量。

3.2.2 统一性与差别性相结合的原则

首先，在构建政府购买居家养老服务绩效评价体系的过程中，需要形成统一的评价原则、评价制度、评价指标、评价程序和评价方法。其次，在统一规范的基础上，还应充分考虑评价对象（居家养老服务机构、居家养老服务项目）的特点，选择与之相匹配的方法和指标。

3.2.3 可操作性原则

绩效评价体系应具有可量化的特点，以便于操作。具体而言，绩效评价体系应计算简便、操作简单、指标明确、资料易得。总之，要尽可能降低使用难度，使其能够在实际工作中快速掌握，准确使用。

3.2.4 定性分析与定量分析相结合的原则

定性分析主要采用内容分析、深度访谈等方法收集资料，并对资料进行深入理解和分析，需要依靠研究者主观的、经验性的判断，适用于一些难以量化的指标，如层次分析法中各维度和指标权重的判断、老年人对服务质量的理解等。定量分析则是依据统计数据，运用统计学相关知识，计算相应数值及变量间关系的一种分析方法，如居家养老服务的投入与产出比、服务质量的分值等。定性分析与定量分析各有优势，两种方法相互结合能够互为补充，优势互补，使研究结论更加科学和准确。在实际操作中，既需要对服务效率、服务质量进行定量分析，也需要对老年人的主观感受等进行定性分析。因此，在构建政府购买居家养老服务绩效评价体系时必须将定量分析与定性分析相结合。

3.3 政府绩效评价的既有模式

从既有理论与实践层面看，世界范围内政府绩效评价模式主要有 3 类，即效率导向模式、结果导向模式、整合导向模式。

3.3.1 效率导向模式

效率导向模式下的政府绩效评价注重经济效率，坚持工具理性，评价重点是投入与产出之比，具体评价标准为：投入—产出标准、产出“有效性”标准、资源使用、生产力指数。

3.3.2 结果导向模式

结果导向模式下的政府绩效评价坚持以公众需求为中心，重视公众满意度，强调公平性，侧重于对最终效果的评价，包括 3 个衡量的准则，即有效性、效率性、数量。

3.3.3 整合导向模式

整合导向模式下的政府绩效评价吸取了效率导向和结果导向各自的优势，既关注公共服务的供给效率，也重视公共服务的实际效果，在理论上能够实现前两种模式的融合与优势互补。在相关研究中，整合导向模式的应用更为广泛，如宁靓、李纪琛将绩效棱柱模型引入政府购买服务的绩效评价中，构建了包括利益相关者满意度、利益相关者贡献、组织战略、业务流程、组织能力等5个维度的绩效评价体系。

本研究构建的政府购买居家养老服务绩效评价体系以整合导向为基础，将效率导向和结果导向相结合，既关注服务效率，也关注服务效果。

3.4　政府购买居家养老服务的绩效评价主体

由谁来对服务绩效进行评价是一个非常重要的问题，为了避免利益相关方在评价过程中的主观倾向性，以及克服单一评价主体的弊端，很多学者建议将第三方评价机构作为政府购买服务的评价主体。

我国在政府购买服务领域的相关政策也明确倡导推行第三方评价。2014 年 8 月 26 日，财政部、民政部等多部委联合下发的《关于做好政府购买养老服务工作的通知》中明确提出，由购买主体、养老服务对象及第三方组成综合评审机制，加强对购买服务的绩效评价。2014 年，河北省人民政府办公厅颁布的《关于政府向社会力量购买服务的实施意见》中提出，要建立健全由购买主体、服务对象及第三方组成的综合评审机制，对服务项目数量、质量和资金使用情况等进行考核评价，评价结果要向社会公布。

近年来，在各地的工作实践中，已经有越来越多的地方政府尝试将第三方评价机制引入政府购买服务绩效评价中来。如青海省格尔木市民政局委托第三方评价机构——青海晟炫康复信息咨询有限公司，对该市政府购买的居家养老服务项目，按照合同 90％的比例随机抽取老年人进行核实，对 2016 年 9 月至今的服务人数、服务时间和服务质量、满意度等进行全面评价；兰州市西固区聘请甘肃省的社会组织促进会，对辖区内 7 家养老服务机构的机构资质、基础设施、人员配备、管理制度、财务运行等方面进行评价，并对政府购买居家养老服务绩效进行全面评价。

在政府购买公共服务中引入第三方机构进行绩效评价已经成为趋势，第三方评价机构独立于各利益相关方，并且具备专业优势，对提升政府的购买绩效意义重大。因此，本研究引入了符合条件的第三方评价机构开展专业性政府购买居家养老服务绩效评价工作。

在第三方评价团队的人员构成方面，参与评价的第三方人员首先应熟悉居家养老服务行业，具备丰富的居家养老从业经验或研究经验，以及具备一定的绩效评价理论基础。目前，第三方评价人员主要来自于居家养老服务机构，以及专业研究机构和学术组织。

在工作实践中，引入第三方评价对于完善政府采购服务流程、提升服务绩效具有重要意义。

首先，就服务过程而言，居家养老服务具有生产与供给同步性的特点。与政府采购的物质类用品（如办公用品）其生产与使用环节之间相互独立不同，政府向社会组织购买的居家养老服务其生产和供给环节是同一过程，或者说是关联紧密，这就要求必须加强对居家养老服务的生产和供给过程，即服务过程的监管和评价。居家养老服务的特殊性使得评价者必须具备专业能力，而政府自身的评价部门往往并不具备足够的专业知识和评价能力，无法胜任服务绩效评价工作，引入第三方评价机构就显得尤为必要。

其次，就服务结果而言，居家养老服务需要能够“立竿见影”，这就涉及服务结果的评价，尤其是老年人对服务满意度或服务质量的评价。如何对服务效果进行评价是绩效评价中非常重要的一环，在实际评价中，效果评价多以老年人的服务满意度或服务质量的主观评价作为衡量指标。但鉴于服务流程的特殊性及老年人相对弱势的地位，若由政府工作人员对老年人进行服务满意度调查，调查结果往往并不令人信服。此外，在调查中需要根据本地实际设计一套可以用于服务效果评价的测量指标及测量方法，单靠政府的评价部门可能难以完成，这就需要引入第三方评价机构，由专业人员完成指标设计、实地调研及资料分析等工作。

3.5　政府购买居家养老服务绩效评价的逻辑框架

如前文所述，政府购买服务绩效是一个多维的复合概念，包含效率和效果两个基本要素。效率主要是测量购买服务的投入与产出比，衡量政府的投入是否购买了尽可能多的服务，侧重于对购买服务“量”的考察。简而言之，若投入多，产出少，则效率低；若投入少，产出多，则效率高。当然，效率只是绩效评价的一个方面，只讲效率不谈效果是不行的，如某一个项目的效率虽高，但效果很差，公众并不满意，那么也不能被认为是绩效水平高。只有兼顾效率和效果，数量和质量都令人满意，才能说政府购买服务的绩效水平高。因此，效率和效果是绩效评价中两个不可或缺的因素，是构成绩效评价体系的关键维度。

3.5.1　政府购买居家养老服务绩效评价的维度之一——服务效率评价

效率是用来衡量服务的投入与产出比，一般认为在同等投入下，产出越多，效率越高，或者在同等产出下，投入越少，效率越高。效率高低常被用来衡量投入的资源是否被充分利用，效率值高则意味着资源利用程度较高，效率值低则表明资源利用不充分，存在浪费现象。

部分国内研究者认为，目前我国居家养老服务领域中普遍存在公共服务供给不足，以及分配不均等问题，严重制约了居家养老服务供给能力的提升，学界呼吁通过扩大政府对居家养老服务的购买力度推动服务均等化，改善公共服务短缺及分布不均的现状。应当说，这种观点确实准确地诊断出了中国居家养老服务中存在的短板和问题，可是增加政府投入虽然能有效改善居家养老服务现状，但就现阶段而言，受制于社会经济发展水平及政府财力等原因，短期内提升政府对居家养老服务的投入力度并不现实。尤其是在目前相对有限的政府财力支持的基础上，探索如何将相对稀缺的资源实现合理配置，做到“人尽其才、物尽其用、材尽其效”，提高资源利用率和服务效率才是更为现实的问题。因此，本研究将服务效率作为衡量政府购买居家养老服务绩效的维度之一。

政府购买居家养老服务的效率主要是指政府投入的各类资源与服务的实际产出之比，通过计算效率值来衡量政府的投入是否被有效地转化为产出。投入一般包括各种人力、物力和财力付出，产出包括承接服务的社会组织提供的各类产品或服务，如新增的照料中心数量、新增加的服务项目数量、新增加的养老床位数量等。

本研究中投入采用的指标是购买服务的资金额，以元为单位，产出采用的指标包括服务项目数量、服务人数和服务满意度。

3.5.2 政府购买居家养老服务绩效评价的维度之二——服务质量评价

理论和经验表明，仅依靠效率指标难以对服务的整体绩效进行全面评价，因为在具体实践中确实存在一种情况，如某一个服务项目的效率值很高，尤其是服务项目数量很多，但是服务质量较低，这就严重影响了服务的整体绩效。陈振明就曾指出，仅衡量投入、产出是不够的，因为高投入不一定意味着高产出，即使是高产出也不意味着效果好。与服务效率相比，服务效果是绩效评价中的另一关键指标。政府购买服务的目的是满足某一特定群体的服务需求。因此，服务效果需要以服务使用者的切身体验为根据。

服务质量是绩效评价更应关注的重要指标，服务质量是指民众每次接受政府服务时，该服务所能满足民众的期望与需求的程度。服务质量被认为在满足消费者服务需求的过程中具有关键影响，服务数量或种类的多寡都不能代替服务质量的作用，只有高质量的服务才能够满足消费者的服务需求。若服务质量低，公众需求得不到满足，那么即使提供再多数量的服务也无法弥补，这将严重影响政府购买服务绩效。

从居家养老服务的实际运营来看，服务质量既是服务递送中的关键环节，也是服务效果最直观、最集中的体现。居家养老服务质量衡量的是服务究竟能够在多大程度上满足老年人的养老服务需求，只有高质量的服务才能满足老年人的服务需求，服务质量的高低意味着老年人服务需求的满足状况，以及政策目标的实现程度。

政府购买居家养老服务项目的最终目的是满足居家老年人的养老服务需求，老年人养老服务需求的满足需要以一定数量的资源投入为基础，但资源投入并不意味着高质量的服务产出。在国内居家养老服务领域，一直存在着重服务投放数量而轻服务质量的问题，一些服务项目有名无实、形同虚设、以次充好，既无法为老年人提供高品质的养老服务，又严重浪费本就有限的服务资源。因此，服务质量应是服务绩效评价体系中的关键维度。

居家养老服务质量一直受到政府的重点关注，近些年在国家层面相继出台了一系列配套政策、规范和行业标准，如民政部发布的《社区老年人日间照料中心建设标准》《老年人能力评估》，民政部协调国家标准委发布的《社区老年人日间照料中心服务基本要求》《社区老年人日间照料中心设施设备配置》，商务部颁布的《居家养老服务规范》等，这些文件均旨在推动居家养老服务规范发展，提升服务质量。

本研究认为，政府购买居家养老服务绩效评价体系应包括服务效率和服务质量两个关键指标，抛开服务效率单纯追求服务质量，或抛开服务质量单纯追求服务效率都不是真正意义上的绩效评价。我们既要追求服务效率，即要充分利用有限的养老服务资源，生产出更多的服务或产品，又要追求服务质量，即能够在有限资源的基础上生产出高品质的服务。

政府购买居家养老服务绩效评价逻辑框架如图 3-1 所示。

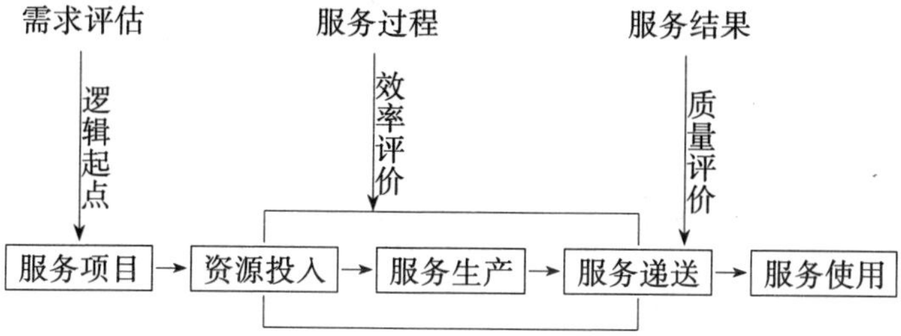

图 3-1　政府购买居家养老服务绩效评价逻辑框架

政府购买居家养老服务绩效评价既要注重经济效率，重视投入与产出，使资源得以最大化利用，避免浪费，又要讲究实际效果，重视居家养老服务质量，使老年人能够享受到高品质的服务。政府购买居家养老服务的最终目的便是通过“性价比”高的服务满足居家老年人的养老服务需求，提升老年人的生活幸福感。

第 4 章　研究设计

本章主要对研究方法、测量工具、研究伦理等内容进行了具体的介绍和说明。

4.1　研究方法

4.1.1　资料收集法

4.1.1.1　深度访谈法

本研究于 2020 年 5 月至 12 月开展了访谈工作，在河北省的石家庄、廊坊等地对 12 名正在使用居家养老服务的老年人、5 名机构管理人员、4 名一线服务人员、2 名政府工作人员进行了半结构式访谈。

在访谈对象的选取方面，除了要求受访者具备良好的理解能力和语言表达能力之外，在老年受访者服务使用时长，以及机构管理人员和一线服务人员的入职时间方面也有具体要求：老年受访者应至少有半年以上的居家养老服务使用经历，机构管理人员至少入职现机构一年以上且从事管理岗位工作半年以上，一线服务人员至少入职半年以上。政府工作人员的选取标准是负责政府购买居家养老服务整体事宜，或者与承接机构直接对接的政府工作人员。

受访者的基本信息见表 4-1。

表 4-1　受访者基本信息汇总表

受访者	编号	性别	年龄	文化程度	服务使用时长/入职时间
正在使用居家养老服务的老年人	01	女	69	小学	9 个月
	02	女	68	初中	8 个月
	03	女	78	初中	8 个月
	04	女	72	高中	9 个月
	05	女	79	小学	10 个月
	06	男	60	高中	9 个月
	07	女	63	小学	7 个月
	08	男	71	初中	10 个月
	09	女	67	初中	10 个月
	10	男	62	高中	8 个月
	11	女	61	高中	6 个月
	12	女	65	初中	12 个月
机构管理人员	13	女	29	本科	8 个月
	14	女	30	专科	9 个月
	15	女	33	专科	6 个月
	16	男	50	大专	30 个月
	17	女	48	高中	18 个月
一线服务人员	18	女	56	初中	10 个月
	19	女	28	本科	6 个月
	20	女	42	高中	10 个月
	21	男	48	初中	8 个月
政府工作人员	22	男	46	本科	不做要求
	23	女	24	本科	不做要求

正在使用居家养老服务的老年人、机构管理人员、一线服务人员、政府工作人员的访谈提纲见表 4-2。

表 4-2　访谈提纲

受访者	主要问题
正在使用居家养老服务的老年人	1. 受访者的基本社会人口特征，包括性别、年龄、文化程度等。 2. 您通过机构使用了哪些居家养老服务，包括一直在用和过去用但现在不用的服务。 3. 以上这几种服务都是从什么时候开始用的？过去用但现在不用的服务是何时、何种原因不再使用。 4. 您能简单评价一下以上这几种服务的服务质量吗？或者分别说一下这几种服务在服务质量上有哪些需要改进的地方。 5. 您在使用服务时是否有过不愉快或尴尬的经历，若有的话，能讲一下当时的情况吗？ 6. 您认为高质量的居家养老服务应该做好哪些方面？
机构管理人员	1. 受访者的基本社会人口特征，包括性别、年龄、文化程度、在本机构的工作时间等。 2. 请您介绍一下单位承接的政府购买居家养老服务的情况，如项目来源、项目金额、具体提供的服务种类、服务人数、服务对象满意度等。 3. 请您介绍一下所在机构在服务质量方面的相关制度和具体做法。
一线服务人员	1. 受访者的基本社会人口特征，包括性别、年龄、文化程度、在本机构的工作时间等。 2. 您现在主要为老人提供那些服务？在为老人提供服务的过程中，您觉得自己应该做好哪些方面？能否请您比较详细地描述一下您在某次服务中为保证或提高服务质量而采取的具体做法。
政府工作人员	1. 受访者的基本社会人口特征，包括年龄、文化程度、目前的工作岗位等。 2. 请您介绍一下自己在政府购买居家养老服务中的职责。 3. 作为购买方，目前政府如何去评价购买服务的绩效？您参与了哪些工作？ 4. 您认为目前政府在购买居家养老服务的过程中哪些方面做得比较好，哪些方面还有待于进一步完善。

4.1.1.2　问卷调查法

在服务质量评价部分，本研究对正在使用居家养老服务的老年人进行了问卷调查。问卷内容共分为 3 个部分：第一部分是受访老人的基本社会人口特征，包括性别、年龄、婚姻状况、文化程度、自评健康状况等；第二部分是受访老人居家养老服务的使用情况；第三部分是居家养老服务质量量表。其中，开发政府购买居家养老服务质量量表是问卷设计工作的重点，量表设计技术路线如图 4-1 所示。

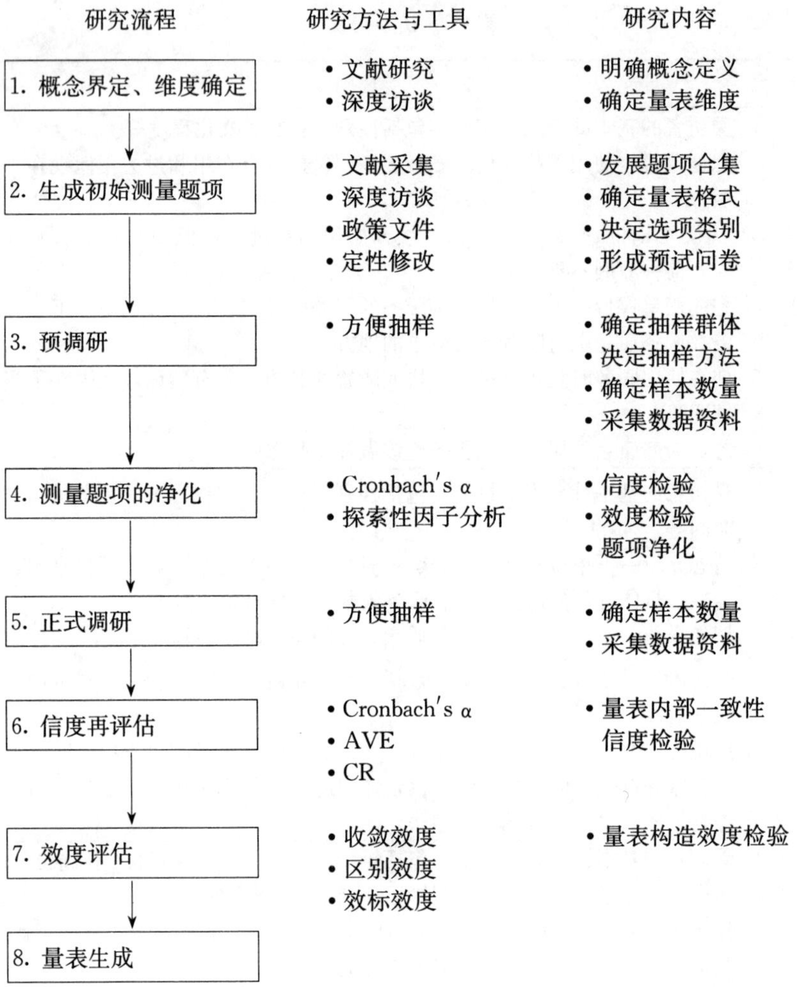

图 4-1 量表设计技术路线图

问卷调查分为两个阶段：第一个阶段是小规模预调查阶段。预调查于 2020 年 8 月至 10 月间开展，采用标准化问卷，分别在河北省的廊坊、石家庄开展问卷收集工作，调查对象为城市社区中正在使用居家养老服务的 60 岁及以上、非失智老年人。由于预调查阶段主要以检验问卷及量表为主要目的，样本规模相对较小，因此预调查采用方便抽样抽取调查对象。笔者通过联系居家养老服务机构负责人或服务站点负责人进入调查地点接触到符合条件的受访老人，并对受访老人开展问卷调查。

问卷填答方式分为访问员面访和老人自填。对回收问卷进行整理时，排除无效问卷和废卷后，将有效问卷中的信息进行编码并输入计算机。剔除无效问卷的基本原则包括：一是问卷漏答 3 道题目及以上；二是单选题选取 2 项及以上的答案；三是问卷答案呈现高度同一性作答。

预调查阶段共收集问卷 159 份，其中有效问卷 142 份，有效问卷回收率为 89.3%，预调查数据中的缺失值小于 5%。预调查阶段受访老人的基本社会人口特征见表 4-3。

表 4-3　预调查阶段受访老人的基本社会人口特征统计表

变量定义	变量取值	预调查数据		
		百分比（%）	均值	标准差
性别	0＝女	53		
	1＝男	47		
年龄	1＝60—69	35	75.350	7.981
	2＝70—79	33		
	3＝80—89	29		
	4＝90 及以上	3		
婚姻状况	0＝无配偶	45		
	1＝有配偶	55		
文化程度	1＝不识字	14		
	2＝小学	23		
	3＝初中	27		
	4＝高中或中专	27		
	5＝大专及以上	9		
自评健康状况	1＝非常不好	8		
	2＝不太好	22		
	3＝一般	35		
	4＝比较好	27		
	5＝非常好	8		

据表 4-3 中的数据可知，在预调查阶段的样本中，53%的受访者为女性老人，男性老人占 47%；年龄方面，样本平均年龄为 75.35 周岁，其中，60—69

岁的受访老人占35%，70—79岁的受访老人占33%，80—89岁的受访老人占29%，90岁及以上的受访老人占3%；55%的受访老人有配偶；文化程度方面，不识字的受访老人占14%，小学文化程度的受访老人占23%，初中文化程度的受访老人占比27%，高中及以上文化程度的受访老人占36%；在自评健康状况方面，35%的受访老人身体健康或比较健康，30%的受访老人的健康状况较差，35%的受访老人健康状况一般。

第二个阶段是正式调查阶段。正式调查时在调查对象、问卷填答方式及剔除无效问卷的基本原则等方面与预调查阶段一致，在此不再赘述。

正式调查阶段共收集问卷468份，其中有效问卷415份，有效问卷回收率为88.7%，正式调查数据中的缺失值小于5%。正式调查阶段受访老人的基本社会人口特征见表4-4。

表4-4 正式调查阶段受访老人的基本社会人口特征统计表

变量定义	变量取值	正式调查数据		
		百分比（%）	均值	标准差
性别	0=女	55		
	1=男	45		
年龄	1=60—69	32	74.720	8.095
	2=70—79	36		
	3=80—89	29		
	4=90及以上	3		
婚姻状况	0=无配偶	43		
	1=有配偶	57		
文化程度	1=不识字	13		
	2=小学	23		
	3=初中	28		
	4=高中或中专	26		
	5=大专及以上	10		
自评健康状况	1=非常不好	8		
	2=不太好	23		
	3=一般	34		
	4=比较好	27		
	5=非常好	8		

据表 4-4 中的数据可知，在正式调查的样本中，55%的受访者为女性老人，男性老人占 45%；年龄方面，样本平均年龄为 74.72 周岁，其中，60—69 岁的受访老人占 32%，70—79 岁的受访老人占 36%，80—89 岁的受访老人占 29%，90 岁及以上的受访老人占 3%；57%的受访老人有配偶；文化程度方面，不识字的受访老人占 13%，小学文化程度的受访老人占 23%，初中文化程度的受访老人占比 28%，高中及以上文化程度的受访老人占 36%；在自评健康状况方面，35%的受访老人身体健康或比较健康，31%的受访老人的健康状况较差，34%的受访老人的健康状况一般。

本次问卷调查需要调查员和被访者的配合才能完成。在调查过程中，由于人为因素而造成的系统性误差难以避免，而系统性误差的存在会影响调查结果的可靠程度，因此必须对系统性误差进行控制。本次调查采取了如下措施以控制调查过程中的系统性误差。

第一，调查设计阶段。在完成调查方案的设计之后，笔者与导师和专家进行了充分讨论，论证方案的可行性，并根据导师和专家的意见对调查方案进行了修改和完善。在正式抽样前进行了预调查，以验证抽样方法的可行性。

第二，调查实施阶段。在调查开始前，对调查员进行培训，向调查员讲清楚每个题项的含义及在访问中需要注意的问题，并做示范；帮助调查员联系服务机构和服务站点，带领调查员熟悉调查路线和机构人员，以方便调查员进行访问；对调查员当天收集的调查问卷进行严格的检查，核对问卷回收率，了解问卷回收失败的原因，检查每份问卷的填答情况，针对每份问卷填答中存在的问题，如填答规范性、有无漏题等，及时向调查员进行反馈。

第三，调查问卷整理阶段。对每份问卷再次逐一复核，制定编码方案，在数据录入时对数据进行二次核对。

4.1.2 资料分析法

4.1.2.1 数据包络分析法

数据包络分析法（Data Envelopment Analysis，DEA）由查恩斯、库珀、

罗兹提出，该方法通过计算来对具有多投入与多产出的同质决策单元（Decision Making Unit，DMU）之间的相对效率进行效率评价，是最有效的一种非参数效率评价方法，被广泛应用于各行业的绩效评价。

数据包络分析模型分为两个最基本的模型，即 CCR 模型与 BCC 模型。相比较而言，BCC 模型比 CCR 模型更能准确地反映出所考察对象的经营管理水平，因而在实际的效率测量中应用更加广泛。

目前，河北省承接政府购买居家养老服务的社会组织多为中小规模，在市场经济环境中，承接方的运营状态特别容易受到政策制度、项目数量、资金额度、市场环境、人力成本等因素的影响。因此，本研究采用数据包络分析法中的规模报酬可变模型，即 BCC 模型对河北省政府购买居家养老服务效率进行实证分析，探讨提高政府购买服务效率的途径。本研究运用 DEAP 2.1 软件对决策单元投入、产出的相对效率进行分析。

BCC 模型公式如下：

$$(D_{BBC})\begin{cases}\min\theta = V_D \\ s.\ t.\ \sum_{j=1}^{n} x_j\lambda_j \leqslant \theta X_{j0} \\ \sum_{j=1}^{n} Y_j\lambda_j \geqslant Y_{j0} \\ \sum_{j=1}^{n} \lambda_j = 1,\ \lambda_j \geqslant 0,\ j=1,\ldots,n\end{cases}$$

利用非阿基米德无穷小 ε 的概念，得到带有 ε 的 DEA 模型 $(D_\varepsilon)_{BBC}$ 为：

$$\sum_{j=1}^{n}\lambda_j^0/\theta^0(D_\varepsilon)_{BBC}\begin{cases}\min[\theta-\varepsilon(\hat{e}^TS^-+e^TS^+)]\\ s.\ t.\ \sum_{j=1}^{n}X_j\lambda_j+S^-=\theta X_{j0}\\ \sum_{j=1}^{n}Y_j\lambda_j-S^+=Y_{j0}\\ \sum_{j=1}^{n}\lambda_j=1,\ \lambda_j\geqslant 0,\ j=1,\dots,n\\ S^{\geqslant}0,\ S^-\geqslant 0\end{cases}$$

若$(D_\varepsilon)_{BBC}$的最优解λ^0、S^{0-}、S^{0+}、θ^0，满足$\theta^0=1$，则DMU_{j0}为弱有效，DMU_{j0}投入过度或产出不足；若$\theta^0=1$，同时满足$S^{0-}=0$、$S^{0+}=0$，则技术效率最佳；若$\theta^0<1$，则DMU投入不合理，需要缩减。

4.1.2.2　量表信度检验

量表的信度是指在用量表收集不同时间或地点的数据时，在概念测量上反映出的结果的一致性、稳定性、可重复性或同一性。运用多题项的变量进行测量时，在衡量各个题项之间是否具有概念本身某些共同特征的内部一致性时，常用的指标是克朗巴哈系数（Cronbach's α）及各题项的项总相关系数（CITC）。本研究采用内部一致性信度作为测量量表信度的方法，采用克朗巴哈系数、各题项的项总相关系数等指标检验量表内部一致性信度。通常来说，量表或维度的克朗巴哈系数高于 0.7，项总相关系数高于 0.5，则表明信度较高。此外，内部一致性检验还可以发现量表的同一维度里那些与其他题项相关性低的题项，达到净化量表题项的目的。若某一题项的项总相关系数低于 0.5，则可以考虑删除该题项，除非有特殊的理由才可予以保留。此外，还需要比较净化前后的克朗巴哈系数，以检验在删除“垃圾题项”后，量表内部一致性系数是否能够提高。

4.1.2.3　量表效度检验

量表的效度是指用量表收集的数据所计算出来的结果，反映出概念本身的本质和真实含义，即量表能够准确测量出所需测量的事物的程度。本研究采用构造效度测量量表效度，主要进行探索性因子分析（Exploratory Factor Analysis，EFA）和验证性因子分析（Confirmatory Factor Analysis，CFA）。

探索性因子分析。本研究运用主成分分析法（Principal components analysis），采用最大方差法对量表进行探索性因子分析。在进行探索性因子分析之前，需要对量表数据进行检验，通常来说，若量表数据的 KMO（Kaiser-Meyer-Olkin）值大于 0.6、巴特利（Bartlett）球形检验值小于 0.05，则表明该数据适合进行探索性因子分析。进行探索性因子分析的目的主要有两个：一是检验本研究对于居家养老服务质量量表、老年人关系收益量表的维度划分是否合理；二是对测量题项进一步净化，根据探索性因子分析结果，原则上若某题项在相应因子上的负荷系数低于 0.5，或有交叉负荷的情况，则可以考虑删除该题项。此外，在社会科学领域中，因子累计解释方差占总方差的百分比应至少达到 50%以上，若达到 70%以上，则表明因子解释效果较佳。

验证性因子分析。本研究使用 AMOS 21.0 进行验证性因子分析，验证性因子分析主要指标包括模型整体拟合度指标、收敛效度指标、区别效度指标等。

验证性因子分析模型整体拟合度指标分为绝对性适配指标（CMIN、GFI、AGFI 等）和比较性适配指标（CMIN/DF、CFI、NFI 等）。在绝对性适配指标中，CMIN 被称为最小差异值，CMIN 值越小，表明假设模型越趋向于理想模型。但 CMIN 值容易受样本数量大小的影响，当样本数量较大时，该值会随之变大，显著性概率值 P 会变小，因此在参考 CMIN 值对模型拟合度进行判断时需要谨慎。当前较为通用的是采用 CMIN/DF 这一指标来检验模型之间的相对拟合程度，当该值小于 2 时为优，当该值介于 2 到 5 时之间时为良。此外，GFI 和 AGFI 越接近 0.9，说明模型拟合度越好。

收敛效度是用来检验同一维度下不同题项之间的相关程度，即测量同一概念下的不同题项之间在理论上具有的相似性。参考安德森和格宾的做法，本研究使用验证性因子分析检验量表的收敛效度，考察指标包括标准化因子负荷系数、平均方差提取量（Average Variance Extracted，AVE）及组合信度

(Composite Reliability)。海尔等学者认为若标准化因子负荷系数大于 0.5，平均方差提取量大于 0.5，组合信度大于 0.7，则表明模型具有较好的内在质量。

区别效度是检验量表结构中某一维度与其他维度在特质方面的差异程度，即各个维度之间是不是能够相互区别。布朗认为量表的区别效度高时，表明处于不同概念中的题项之间的相关关系较弱。参考福内尔和拉克尔的方法，本研究主要考察每个维度的平均方差提取量的平方根是否大于该维度与其他维度之间的方差。如果平均方差提取量的平方根大于两个维度之间的相关系数，则具有区别效度。

4.1.2.4　层次分析法

层次分析法（The Analytic Hierarchy Process，AHP）由撒汀提出，在层次分析法中，目标被分为若干层次，由高到低依次为目标层、准则层和方案层，方案层的指标直接影响准则层，而准则层的指标则会直接影响目标层，方案层与目标层通过准则层产生间接关系。在实际操作中，采用“两两对比”的方法来确定低层次指标对于高层次指标的重要性。

本研究应用层次分析法对居家养老服务质量评价体系中的各维度和指标权重进行计算，可分为 4 个步骤进行。

第一步，分析居家养老服务质量量表中各维度、指标之间的关系，建立系统的递阶层次结构。在本研究中，居家养老服务质量评价体系共分为 3 层，居家养老服务质量是目标层，有形性、可靠性、沟通与回应性、移情性、实效性是准则层中的“父层”，18 个题项构成准则层中的“子层”。

第二步，采用德尔菲法，邀请 5 位专家在互相不见面、不商量的情况下，对各维度、指标的相对重要性进行两两对比，采用 1—9 值法打分，构造两两比较的判断矩阵。同一层次指标重要性比较的 1—9 值法标度如表 4-5 所示。

表 4-5　同一层次指标重要性比较的 1—9 值法标度表

含义	标度
同一层次两个因素相比，具有相同的重要性	1
同一层次两个因素相比，前一因素比后一因素稍显重要	3
同一层次两个因素相比，前一因素比后一因素明显重要	5
同一层次两个因素相比，前一因素比后一因素强烈重要	7
同一层次两个因素相比，前一因素比后一因素极端重要	9
1—3、3—5、5—7、7—9 之间的中间值	2、4、6、8

第三步，采用方根法计算判断矩阵的最大特征向量，得出同一“子层”中的各指标对于“父层”影响重要性的排序。

准则层中“父层”各因素对目标层权重值的计算公式如①所示：

$$\overline{w}^{(1)}=(w_1^{(1)}, w_2^{(1)}, \cdots, w_k^{(1)})^T \quad ①$$

准则层中“子层”各因素对“父层”权重值的计算公式如②所示：

$$\overline{w}^{(2)}=(\overline{w}_{1l}^{(2)}, \overline{w}_{2l}^{(2)}, \cdots, \overline{w}_{nl}^{(2)})^T \quad l=1, 2, 3, \cdots, k \quad ②$$

准则层中“子层”各因素权重可以通过 $\overline{w}^{(1)}$ 与 $\overline{w}_l^{(1)}$ $(l=1, 2, 3, \cdots, k)$ 组合计算，如表 4-6 所示。

表 4-6　目标层、准则层中“父层”与“子层”各指标权重的计算方法

元素	权重	组合权重
$M_1, M_2, \cdots, M_K$	$\overline{w}_1^{(1)}, \overline{w}_2^{(1)}, \cdots, \overline{w}_k^{(1)}$	$W^{(}2)$
Y_1	$\overline{w}_{11}^{(2)}, \overline{w}_{12}^{(2)}, \cdots, \overline{w}_{2k}^{(2)}$	$W_1^{(2)}=\sum_{j=1}^{k} w_j^{(1)}\overline{w}_{1j}^{(2)}$
Y_2	$\overline{w}_{21}^{(2)}, \overline{w}_{22}^{(2)}, \cdots, \overline{w}_{2k}^{(2)}$	$W_2^{(2)}=\sum_{j=1}^{k} \overline{w}_j^{(1)}\overline{w}_{2j}^{(2)}$
……	……	……
Y_n	$\overline{w}_{n1}^{(2)}, \overline{w}_n^{(2)}2, \cdots, \overline{w}_{nk}^{(2)}$	$W^{(}2)_n=\sum_{j=1}^{k} \overline{w}_j^{(1)}\overline{w}_{nj}^{(2)}$

第四步，计算各层因素对系统目标的合成权重，并进行排序。

此外，为了降低专家的主观判断对结果的影响，应对各因素重要性的判断矩阵的单层一致性（Consistency Index，CI）进行检验，检验公式如③所示：

$$CI = \frac{\lambda_{\max} - m}{m = 1} \quad ③$$

撒汀提出用平均随机一致性指标（Random Index，RI）对单层一致性进行修正，计算一致性比率（CR），检验多阶判断矩阵一致性。当一致性比率小于 0.1 时，可以认为多阶判断矩阵具有令人满意的一致性；当一致性比率大于或等于 0.1 时，就需要修正判断矩阵。检验公式如④所示：

$$CR = \frac{CI}{RI} \quad ④$$

4.2　测量工具

本研究中使用的测量工具主要包括政府购买居家养老服务质量问卷、政府购买居家养老服务效率问卷，以及受访老人基本社会人口学题项（性别、年龄、婚姻状况、文化程度、自评健康状况等）。

政府购买居家养老服务质量问卷。基于既有理论与研究成果，结合实地调查资料，本研究开发了共 18 个题项的居家养老服务质量量表。从有形性、可靠性、沟通与回应性、移情性、实效性等 5 个维度对居家养老服务质量进行测量。其中，有形性维度、实效性维度分别由 3 个题项构成，可靠性维度、沟通与回应性维度、移情性维度分别由 4 个题项构成。量表采用李克特量表的五级评分制，选项分为 1—5，量表得分范围为 18—90。各维度得分与受访老人对居家养老服务质量的评价呈正相关，得分越高，表明受访老人对居家养老服务质量的评价越高。

政府购买居家养老服务效率问卷。该问卷主要以承接政府购买服务的社会组织为调查对象，调查内容包括组织或机构承接的居家养老服务项目数量，以及各项目的项目来源、项目金额、项目起止时间、合同中规定的服务项目、实际提供的服务项目、服务人数、服务对象满意度等。

受访老人基本社会人口特征变量的界定如下，性别（0＝女、1＝男）、年龄（1＝60—69岁、2＝70—79岁、3＝80—89岁、4＝90岁及以上）、婚姻状况（0＝无配偶、1＝有配偶）、文化程度（1＝不识字、2＝小学、3＝初中、4＝高中或中专、5＝大专及以上）、自评健康状况（1＝非常不好、2＝不太好、3＝一般、4＝比较好、5＝非常好）。

4.3 研究伦理

本研究在访谈过程中严格遵守自愿参与原则、知情同意原则、不伤害原则和保密原则。在访谈或调查开始前，访问员会与受访者签订知情同意书（见附录1）。

4.3.1 自愿参与原则

访问员在初次接触受访老人时，要主动且较为详细地介绍本项研究的研究内容、研究目的和研究意义，以及调查资料的用途，受访老人可以决定是否参与本次研究，也可以根据自己的意愿随时退出访问。

4.3.2 知情同意原则

在访问开始前，访问员应帮助受访老人阅读和理解封面信或知情同意书的内容，帮助受访老人了解本次调查的调查目的、参与风险、获益情况、参加者权利等，并在征得受访老人同意后再开始访谈。

4.3.3 不伤害原则

在访谈过程中确保不会对受访老人造成身体或心理上的伤害。由于问卷中的个别问题可能会引起部分老人对过往不愉快经历的回忆，因此访问员在调查过程中应密切关注受访老人的身体和精神状况，避免使受访老人感到疲劳，如遇受访老人出现情绪波动的情况，访问员应及时进行安抚，如有需要，应及时帮忙联系老人家属或养老机构的工作人员。

4.3.4 保密原则

本次调查问卷采用不记名方式，在后期问卷整理和使用阶段会严格执行保密原则，确保受访老人的个人信息不会被泄露。当受访老人决定退出本项研究时，我们保证将不会继续使用或者透露已经收集到的相关信息，并且会及时将其销毁。

第 5 章　政府购买居家养老服务的效率评价

本章主要对服务效率进行研究。第一，理清政府购买居家养老服务效率的内涵；第二，基于数据包络分析法，构建政府购买居家养老服务效率评价指标体系；第三，根据实地调查资料，分析政府购买居家养老服务效率的现状。

5.1　政府购买居家养老服务效率的内涵

5.1.1　公共服务效率

效率是用来衡量服务的投入与产出比的，一般认为在同等投入下，产出越多，效率越高，或者在同等产出下，投入越少，效率越高。效率高低常被用来衡量投入的资源是否被充分利用，效率值高则意味着资源利用程度较高，效率值低则表明资源利用不充分，存在浪费现象。

公共服务效率是指公共服务领域中资源投入与产出比，投入包括政府部门及社会组织提供的资金、人力、物力等资源；产出指因投入而获得的结果，如新增的公共服务或产品、服务人数、社会效益等。公共服务效率关注的是投入与产出或成本与收益之间的关系，理论上来说，公共服务追求的是效率最大化，希望能够用更少的投入换取更多的产出。需要注意的是，所谓的“最大产出”或“最少成本”通常是一种理想状态，但这种理想状态往往并不容易实现，在实际测算中，需要制定适合本行业、本部门的实际服务效率评价体系。

5.1.2　政府购买居家养老服务的效率

在政府购买居家养老服务过程中，对服务效率进行评价是非常必要的，一味地投入并不能保证获得足够的产出，也无法保证投入的资源能够被最大化利用。只有对服务效率进行评价，才能衡量投入的资源到底获得了多少产出、资源是否存在浪费，以及哪些因素会影响服务效率，进而通过改进服务流程，提升服务效率。因此，服务效率评价对于避免资源浪费、提升资源利用率具有重要意义。

政府购买居家养老服务过程中的投入包括政府购买居家养老服务的财政支出及投放的其他各类资源，产出既包括新增的各类产品和服务，也包括新增的服务人数，还包括宏观社区养老环境的改善，以及老年人生活满意度的提升等多个方面。

在衡量服务效率时，有些指标是可以量化的，如购买服务的资金数额、社区养老设施的数量、享受服务的老年人数量等；也有些指标是难以量化的，需要通过主观感知来获得信息，如老年人的获得感与幸福感、老年人感受到的爱与关怀等。

本研究将政府购买居家养老服务的效率界定为政府对居家养老服务资源投入与产出的比，反映的是资源投入与服务产出之间的数量关系。在具体测量指标方面，投入主要衡量政府的财政支出金额等，产出主要包括服务项目数量、使用服务的老年人数量、服务满意度等。

5.1.3　政府购买居家养老服务效率的评价方法

有关服务效率的评价方法基本上可以分为定性评价法和定量评价法两大类。定性评价法包括行为事件访谈法、专家小组讨论法、调查问卷法、工作分析法及统计分析法等；定量评价方法中比较常见的有平衡计分卡法（Balance Score Card，BSC）、成本收益分析法、模糊综合评价法、数据包络分析法等。近年来，传统的依靠经验和主观评价的方法逐渐向依靠数据分析的定量方法发展。

5.1.3.1 平衡计分卡法

由罗伯特·卡普兰和大卫·诺顿共同开发，该方法由客户、内部业务流程、学习与成长、财务等4个维度构成了相对完整的绩效评价体系。

在应用上，平衡计分卡法主要立足宏观战略思维，对某个具体的组织或部门进行全方位的评价。国内学者中，李宋岚、刘嫦娥运用平衡计分卡设计了商业银行绩效考核方案，确定了关键维度、测量指标及具体指标权重；乔均等人优化了平衡计分卡绩效模型，验证了平衡计分卡绩效评价模型在我国电信企业的适用性。

平衡计分卡法更适合对宏观的整体服务效率进行评价，而不太适合衡量具体服务的效率。

5.1.3.2 成本收益分析法

成本收益分析法是一种根据绩效目标，将一段时间内公共服务项目的总成本与总收益进行比较，并对不同单元的项目进行比较，选择出最优化的决策方案的方法，使用该方法的前提是能够准确测算出项目的总成本与总收益。

但成本收益分析法也有一定的局限性，即该方法仅限于评价那些可以用货币精确计量的成本与收益，对于像养老服务、教育服务、托幼服务等具有一定外部溢出效应的公共产品或公共服务，难以用货币精准计量其成本与收益的状况，则很难用成本收益分析法进行评价。一般来说，外部效应越强，越难以用成本收益分析法进行评价。事实上，对于公共服务来说，外部效应即社会效益，是所有公共服务都会追求的重要目标，但精准测量服务的成本和收益难度极大。

在测量政府购买居家养老服务效率时，部分产出，如服务人数、老年人满意度等指标很难用货币测算，因此成本收益分析法在政府购买居家养老服务效率评价中的应用性不强。

5.1.3.3 模糊综合评价法

模糊综合评价法是在平衡计分卡法的基础上发展起来的，是利用数学模糊集合理论对社会经济活动中带有模糊性质的决策问题进行分析与评价的一种方法。

在国内相关研究中，袁有杰考虑到税务部门的绩效测评没有明确的外延边界，具有很大的模糊性，因而应用模糊综合评价法对税务部门的绩效进行测评，并总结了模糊综合评价法在实际操作中需要注意的一些问题；李晓园、陈颖利用模糊综合评价法对异地扶贫搬迁的绩效进行科学评价，构建了包括经济基础、政策保障和社会融入等 3 个一级指标和 15 个二级指标的扶贫搬迁绩效评价体系，并以修水县"进城入园"移民扶贫为例，运用层次分析法和模糊综合评价法进行评价分析，并提出相关建议；柳志、王善平运用模糊综合评价法构建了精准扶贫绩效评价指标体系，并以湘西土家族苗族自治州 2016 年的数据对所属县进行了扶贫绩效评价，结果发现，可持续发展是精准扶贫绩效评价的新重点，精准识别作为精准扶贫工作的前提，依然非常重要，地区间扶贫绩效存在较大差异，主要受当地经济发展水平、社会状况等影响，为此，提出了有关提升精准扶贫绩效的相应建议。

总体而言，模糊综合评价法适用于对较为宏观的公共服务的整体效率水平进行综合评价，在更为具体化的居家养老服务绩效评价中的应用难度较高，适用性不强。

5.1.3.4　数据包络分析法

近年来，随着数据包络分析法的不断发展与完善，已经被广泛应用在公共部门绩效评价领域，如张琳等人引入数据包络分析法，结合运用问卷调查法、专家访谈法等多种方法，针对中国科学技术大学图书馆的学科服务构建起数据包络分析模型，通过计算投入产出效率，对中国科学技术大学图书馆的学科服务团队建设绩效评价进行了实证分析；胡税根等人基于数据包络分析法构建了公共文化科技服务资源配置效率评价体系，并对杭州市所辖的区、县、市的公共文化科技服务资源进行了实证研究。

目前，有不少国内学者将数据包络分析法应用于政府购买养老服务的效率评价中，如钱海燕、沈飞使用数据包络分析法，对安徽省合肥市政府购买居家养老服务的财政支出效率进行了评价。

有学者指出，与其他几种效率评价方法相比，数据包络分析法在计算多投入多产出的公共服务效率上具有独特优势，适用于测量政府购买居家养老服务效率值。

5.2 政府购买居家养老服务效率评价指标设计

本研究在深度访谈的基础上，结合对访谈资料的分析，从投入与产出两个方面构建政府购买居家养老服务效率评价体系，将购买服务金额作为政府投入的测量指标，从项目数量、服务人数、服务满意度等 3 个方面测量服务产出。

5.2.1 政府资金投入

资金投入是政府购买居家养老服务的先决条件，居家养老服务的开展离不开政府的资金投入，服务开展的规模与持续性都与政府资金的投入情况密切相关。

> 我个人觉得政府的投入情况很关键，如果没有政府投入，单纯靠企业很难把这件事做好，即使投了钱，给了场地，也不一定把这件事办好。居家养老说起来容易，可做起来还是面临挺多困难的，首先要解决的就是钱的问题。政府的投入力度也表明了政府对这件事的重视程度，像我们区，每年做预算的时候都会拿出一部分资金用来养老，所以才能有目前的这种成绩。当然，政府能拿出多少钱来，也跟地区的经济发展情况有关，经济发展好的地方，政府有钱，能拿出来支持养老的钱就多，地方经济不太好的地方，想干也没办法，就是没钱嘛。(受访者 22)
>
> 我们现在做居家养老基本没钱挣，我们机构现在主要就是靠承接政府购买服务，其他的经济来源很少，靠老年人花钱消费不是太现实，要是没有政府的钱，机构都很难活下去，有的时候政府财政批钱流程慢一点，我

们都觉得挺难熬。有的项目政府给的钱多，那就能做得更好，提供的服务更多，享受服务的老年人也更多；有的项目也就几千块钱，说实话我们也很难开展持续性的活动，可能做几期就结束了，所以说政府给的钱就很关键。（受访者 14）

5.2.2　服务项目数量

在政府与社会组织签订的合同中，通常都会规定服务的种类，社会组织需要按照合同中规定的服务项目提供居家养老服务，服务项目数量是服务的重要产出。

我们肯定会在合同里规定它（社会组织）需要提供哪些服务，目前的合同都比较规范。比如说，你得给哪个区的老年人提供哪些服务，不过我们也不会规定得太细，一般就是涉及家政服务、文化娱乐、健康教育之类的。一般来说，政府投入的钱跟服务人数有关，也跟服务项目多少有关，你提供了多少服务，也是我们后期审核时重点关注的地方。（受访者 23）

我们对每个项目需要完成的任务都很清楚，其中就包括我们得提供哪些服务。有的服务我们自己能直接提供，比如普通的家政类，还有组织活动之类的；有的服务我们就得和其他机构合作，或者聘请外面的人来帮我们做，比如去年我们给老年人做了 4 期健康养生的讲座，当时就是请了一位这方面的专家。总之，我们肯定会按合同的规定提供服务。（受访者 14）

5.2.3　服务人数

政府购买的居家养老服务为多少老年人提供了服务是产出评价中的重要内容，尤其是对于公共服务来说，尽可能多地覆盖符合条件的老年人是政策公平性的体现。

服务人群也是我们在合同里有规定的，就是这个项目要覆盖多少老人，覆盖的范围广、人数多，需要的钱就多。我们这一级的政府一般就是覆盖几个社区，可能省里的一些项目覆盖的面会更大一点，覆盖的面越大，符合条件的老人就越多。现在主要还是属于托底，一般还是重点照顾独居、孤寡、残疾、特困等几类老人。这些老人我们基本都有登记，核算起来也比较容易，根据服务人数做预算也容易点。(受访者 23)

我们每个项目都会统计服务人数有多少，有的项目是政府给我们规定好条件，即这个项目主要针对哪部分老人，比如贫困的、残疾的，会给我们名单，我们就照着名单干就行。也有一部分项目可能是面向某一区域的全体老人，比如在社区里做的一些文化娱乐项目，这一类项目我们也会统计服务人数。简单来说，来参加过活动的老人越多，说明我们这个活动办得越有意义，我们的产出也就更多。(受访者 15)

5.2.4 服务满意度

服务对象是否满意越来越受到利益相关方的重视，政府、机构也将服务满意度作为衡量服务效果的重要内容。

我们肯定要看老人对服务的满意度，你（社会组织）不能光干了这件事，你还得干得好。最后评价的时候给我们一堆数字，但是怎么叫干得好啊？最起码你得让老人对你干的服务认可。有时项目终结的时候，我们也会随机暗访几个老人，让老人对服务提提意见，看看哪里还做得不到位，服务还有没有需要改进的地方。其实这并不是针对机构，而是对我们自己工作的一种推进。(受访者 23)

现在政府很重视老年人对服务的满意度，我们也很重视，比如我们干了很多工作，但是老年人不满意，这就说明我们做得不行，政府那里也通不过，很有可能以后就没办法承接政府的项目了，我们要努力避免这种情况。所以，干居家养老也得一点一点地积累口碑，让老年人觉得你确实干得好，让老年人认可你。……现在我们一般在每次活动结束的时候都会做一个满意度测量，最后项目结项的时候也会找老年人做一个满意度问卷调查，或者找老年人开个座谈会，让大家提提意见，我觉得这些方法都挺好。（受访者 13）

我觉得我们最看重的就是效果，说实话，政府花了这么多钱就是为了给咱们老年人提供福利，就是为了让老年人过上好日子。老年人不满意，那就说明政府这钱白花了，就是花冤枉钱，这样可不行。满不满意老年人最有发言权，得让老年人说了算，……我也参加过座谈会，我觉得（服务）总体情况还是好的，我们小区里的残疾老人定期都有人去看望，小区活动室还经常举办个活动。我觉得挺好，丰富了大家的文化生活。我也提了一些意见，咱们对事不对人，都是为了把事办好。（受访者 05）

通过对政府工作人员、机构管理人员及正在使用居家养老服务的老年人的深度访谈可以看出，资金是衡量政府投入情况最重要的指标，而服务项目数量、服务人数、服务满意度则是衡量服务产出的重要指标。因此，政府购买居家养老服务效率评价体系应包括政府资金投入、服务项目数量、服务人数、服务满意度等 4 个方面。

一级指标包括投入和产出。投入是指政府向承接方购买居家养老服务的金额，产出指标包括 3 个二级指标，分别是服务项目数量、服务人数、服务满意度，其中服务项目数量是指政府购买的居家养老服务实际包含多少种具体的服务，如陪诊就医、小时工、关怀访视、日常保洁、衣物拆洗缝补、喘息服务、心理咨询、康复按摩等；服务人数是指实际享受到政府购买服务的老年人数量；服务满意度是指使用服务的老年人对服务的满意情况。上述 4 类信息均由社会组织负责人或项目负责人提供。

本研究构建的政府购买居家养老服务效率评价体系如表 5-1 所示。

表 5-1 政府购买居家养老服务效率评价体系

一级指标	二级指标	代码	测量方法
投入	购买金额	IP	政府购买居家养老服务的金额
产出	服务项目数量	OP1	机构实际提供的服务项目数量
	服务人数	OP2	实际享受到服务的老年人数量
	服务满意度	OP3	老年人对服务的满意情况

5.3 政府购买居家养老服务效率的现状及分析

本研究的课题组在河北省多家养老服务机构抽取了已结项的 7 个政府购买服务项目进行分析，具体数据如表 5-2 所示。

表 5-2 政府购买居家养老服务效率评价指标数据

序号	服务项目数量（项）	服务人数（人）	服务满意度（%）	购买金额（元）
1	12	400	100	58000
2	16	1200	100	75000
3	10	360	99.6	10000
4	8	290	97.5	10000
5	14	620	95.3	45000
6	12	500	94.8	30000
7	15	700	94.4	50000

利用 DEAP 2.1 软件对表 5-2 中的数据进行计算，得出了 7 个政府购买服务项目的效率评价结果，如表 5-3、图 5-1 所示。

表 5-3　政府购买居家养老服务效率评价结果

序号	综合效率	纯技术效率	规模效率	规模效益	综合效率排名
1	0.207	1.000	0.207	规模报酬递减	7
2	0.444	1.000	0.444	规模报酬递减	4
3	1.000	1.000	1.000	规模报酬不变	1
4	0.979	1.000	0.979	规模报酬递增	2
5	0.383	0.933	0.410	规模报酬递减	6
6	0.463	0.872	0.531	规模报酬递减	3
7	0.389	1.000	0.389	规模报酬递减	5

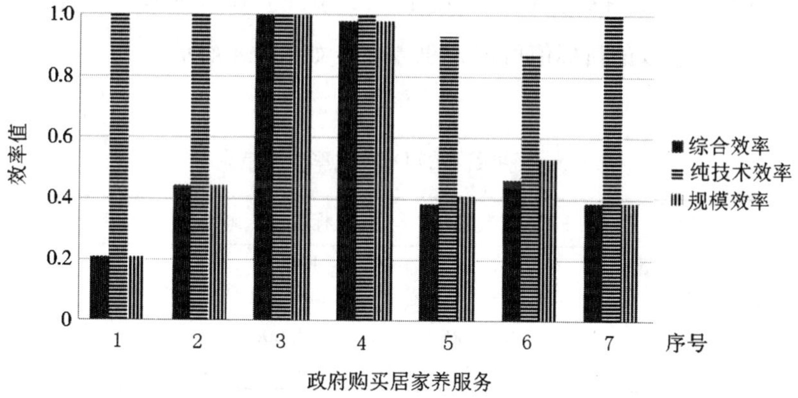

图 5-1　政府购买居家养老服务效率评价结果

从综合效率来看，项目 3 的综合效率最高，且纯技术效率和规模效率也是并列最高的，说明该项目在投入与产出方面效率较高，这表明项目 3 能够在同等的投入水平下获得更多的产出，或者在产出相同的情况下耗费更少的投入。其他项目的综合效率均未达到 1，尤其是项目 1 的综合效率仅为 0.207，说明该项目投入的资源未能很好地转化为产出。项目 1 和项目 2 投入的资金最多，分别是 58000 元和 75000 元，但综合效率水平较低，分别为 0.207 和 0.444，说明服务效率与投入水平不成正比，由此表明，即便投入多，效率水平也不一定高。

从纯技术效率来看，项目 1、项目 2、项目 3、项目 4 和项目 7 的纯技术效率均达到 1，而项目 5、项目 6 的纯技术效率较低，这表明在不考虑规模效率的情况下，项目 5 和项目 6 的资源投入未能很好地转化为产出。

从规模效率来看，仅有项目 3 的规模效率为 1，其他 6 个项目均未能达到 1。其中，5 个项目的规模效益为递减，表明这 5 个项目在投入金额与产出规模上不匹配，可能存在资源浪费问题，今后应减少投入或增加产出。

分析结果显示，项目 4、项目 5 和项目 6 在服务效率上有进一步改善和提升的空间。

项目 4 的服务项目数量的目标值可定为 10 个，服务人数的目标值可定为 360 人，服务满意度的目标值可定为 99.6%，如表 5-4 所示。

表 5-4　项目 4 的 DEA 效率分析结果

指标	现有数据	目标数据	松弛变量
服务项目数量	8	10	2
服务人数	290	360	70
服务满意度	97.500	99.600	2.100
购买金额	10000	10000	0

项目 5 的服务人数的目标值可定为 632 人，服务满意度的目标值可定为 95.44%，如表 5-5。

表 5-5　项目 5 的 DEA 效率分析结果

指标	现有数据	目标数据	松弛变量
服务项目数量	14	14	0
服务人数	620	632	12
服务满意度	95.300	95.440	0.140
购买金额	45000	42000	3000

项目 6 在投入资金上出现了冗余，冗余值为 3842.593，服务满意度的目标值可定为 97.581%，这意味着项目 6 需要在现有资金投入的基础上削减 3842.593 元，在服务满意度上提高 2.781%。如表 5-6。

表 5-6　项目 6 的 DEA 效率分析结果

指标	现有数据	目标数据	松弛变量
服务项目数量	12	12	0
服务人数	500	500	0
服务满意度	94.800	97.581	2.781
购买金额	30000	26157.407	3842.593

从本次调查结果来看，目前在政府购买居家养老服务效率方面存在的最主要问题就是部分项目的投入规模与产出不成正比。有的项目虽然政府的购买金额较大，但综合效率较低，规模效益存在递减趋势，整体的服务效率并未随着投入的增加而提高；有的项目在资金使用上未能做到“物尽其用”，在产出上仍有较大的增长空间。

造成部分项目的服务效率较低的原因主要有以下几点。

一是购买资金存在不同程度的浪费，个别服务承接方在居家养老服务领域经验不足，采用“大水漫灌”的方式给老年人提供服务，造成服务资源配置不合理，不需要服务的老年人“被迫”使用服务，而急需服务的老年人获得的服务不足，服务递送过程中的粗放管理是造成资源浪费的重要原因。

二是政府在购买服务之前调研不足，缺少对老年人服务需求的精准评估。政府购买服务清单中的一些项目与老年人的实际服务需求并不完全匹配，像心理咨询、辅助社会交往等服务项目的使用率非常低，这类项目可能并不是大多数老年人目前最迫切的。缺少对老年人服务需求的前期评估容易导致“一刀切”的固定服务模式，虽然投放了服务，但老年人的使用率低，严重影响服务效率。

三是从政府购买居家养老服务整体流程上看，服务从购买到老年人使用之间需要经历多个中间环节，中间环节主要包括了服务承接方和一线服务人员。承接方的服务承接能力及一线服务人员的专业能力对于服务效果至关重要，个别服务承接方在居家养老服务领域缺少经验，部分一线服务人员的专业化水平较低，服务意识和服务能力不足，这都会对服务效率产生负面影响。

第 6 章　政府购买居家养老服务的质量评价

本章首先介绍了服务质量的概念及评价模型，然后基于相关理论与访谈资料，构建了政府购买居家养老服务质量评价体系，最后根据实地调查数据，对河北省政府购买居家养老服务质量的现状进行了分析。

6.1　服务质量的概念及评价模型

6.1.1　服务质量的概念

“服务”“质量”与“服务质量”的概念与范畴均经历了一个逐渐发展完善的过程。

6.1.1.1　“服务”的概念

美国市场营销学会、斯坦顿等机构和个人均对服务的概念进行了界定。在前人的基础上，格罗鲁斯将服务界定为：在消费者与员工、有形资源的交互中完成的，由一系列或多或少的无形性活动构成的过程，具有无形性、异质性、生产和消费的同步性、不可贮存性等特点。

6.1.1.2　“质量”的概念

爱德华兹·戴明、美国质量学会、欧洲质量管理组织等学者和机构均对质量的概念进行了界定。瑞安认为质量是“能够满足现实或潜在需求的产品或者服务的总体特征”，主要包含两个方面：一是要符合标准的要求（质量是一种产品的特征或特性）；二是这种特性必须能够满足顾客的特定需求。

6.1.1.3 “服务质量”的概念

加尔文认为服务质量是顾客对事物的主观反应；普拉苏曼、蔡特哈姆尔和贝瑞（简称 PZB）认为服务质量是服务提供者与顾客在互动过程中所产生的服务优劣程度，由顾客进行评定；伍德赛德和戴利认为服务质量是顾客对服务业整体服务过程与结果的主观感受评价。

6.1.2 服务质量评价模型

在近 30 年间，学者们对服务质量进行了广泛且深入的研究。由于服务具有无形性、异质性和不可分离性，服务质量被描述为“顾客对产品的总体卓越性、优势的判断”或者“顾客对组织及其服务的相对劣势、优势的总体印象”。学者们建立了很多测量顾客服务质量感知的模型，主要有以下几种重要模型。

6.1.2.1 格罗鲁斯顾客感知服务质量模型

格罗鲁斯认为服务质量取决于顾客对服务质量的期望同其实际感知的服务水平的对比，服务质量的好坏程度取决于感知的服务质量和预期的服务质量之间的差异程度。

格罗鲁斯将顾客感知的服务质量分为两个部分，即“技术质量”（服务结果）和“功能质量”（服务过程）。在此基础上，格罗鲁斯提出了自己最初的顾客感知服务质量模型，如图 6-1 所示。

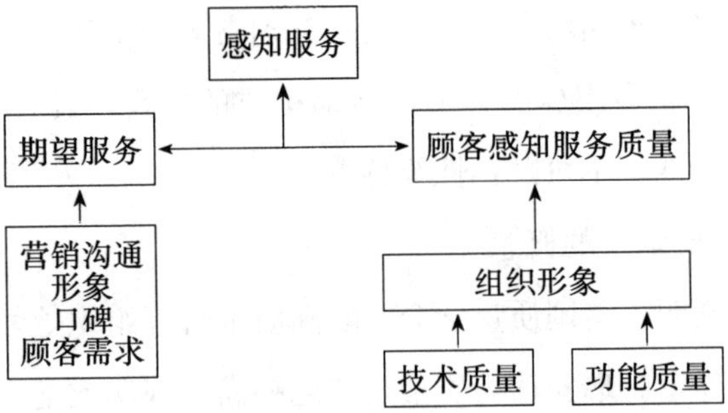

图 6-1 格罗鲁斯的顾客感知服务质量模型

6.1.2.2 PZB 顾客感知服务质量模型

1985 年，普拉苏曼、蔡特哈姆尔和贝瑞三人提出了 PZB 顾客感知服务质量模型（见图 6-2），并提出了一种用来测量服务质量的特定技术和方法——SERVQUAL。SERVQUAL 的核心是利用顾客对服务的期望和感知信息来判断服务质量。

普拉苏曼、蔡特哈姆尔和贝瑞认为服务质量是用户的期望与实际感受之间的差异，服务质量可以量化为期望服务与感受服务之间的得分差值。由此提出了公式：Q=P−E。其中，Q 表示服务质量，P 代表用户对实际服务质量的评价，即感受服务，E 代表在接受服务前用户对服务质量的期望，即期望服务。

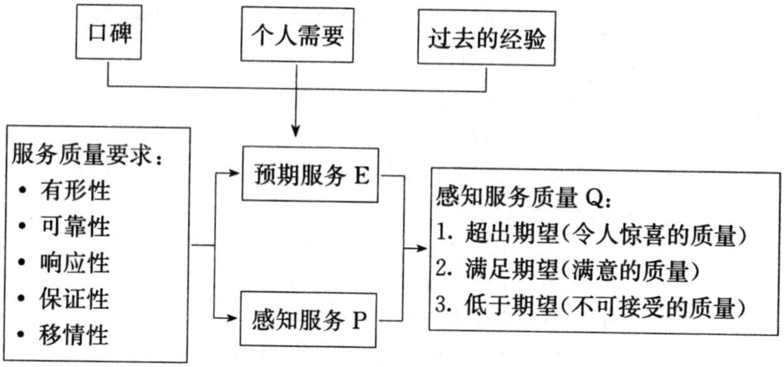

图 6-2 PZB 顾客感知服务质量模型

普拉苏曼、蔡特哈姆尔和贝瑞开发了包含 5 个维度、22 个题项的 SERVQUAL 量表，如表 6-1 所示。

表 6-1 SERVQUAL 量表

要素	组成项目
有形性	1. 有现代化的服务设施 2. 服务设施具有吸引力 3. 员工有整洁的服装和外表 4. 公司的设施与提供的服务相匹配
可靠性	5. 公司对顾客所承诺的事情都能及时完成 6. 顾客遇到困难时，能表现出关心并提供帮助 7. 公司是可靠的 8. 能准时地提供所承诺的服务 9. 能记录相关的服务
响应性	10. 不能指望他们告诉顾客提供服务的准确时间※ 11. 期望他们及时提供服务是不现实的※ 12. 员工不总是愿意帮助顾客※ 13. 员工因为太忙以至于无法提供服务，无法满足顾客需求※
保证性	14. 员工是值得依赖的 15. 在从事交易时顾客会感到放心 16. 员工是有礼貌的 17. 员工可以从公司得到适当的支持，以提供更好的服务※
移情性	18. 公司不会针对不同的顾客提供个别服务※ 19. 员工不会给予顾客个别的关怀※ 20. 不能期望员工会了解顾客的需求※ 21. 公司没有优先考虑顾客的利益※ 22. 公司提供的服务时间不能满足所有顾客的需求※

注：(1) 问卷采用 7 分制：7 表示完全同意，1 表示完全不同意，中间分数表示不同的程度。问卷中的题目随机排列。

(2) “※”表示对这些问题的评分是反向的，在数据分析前应转为正向得分。

6.1.2.3 SERVPERF 评价法

尽管 SERVQUAL 模型具有易行、高效的特点，但仍有许多不足之处。奥利弗、卡门等学者指出，SERVQUAL 存在题项数量多、数据量大、应用过于复杂等问题，容易使应答者感到疲劳，影响问卷的填答质量。

随着研究的深入，克罗宁和泰勒认为顾客对服务质量的实际评价本就是建立在预期期望的基础上得出的，因此，不需要再对顾客的预期期望进行测量。

基于此，克罗宁和泰勒对 SERVQUAL 进行了修正，开发了 SERVPERF 量表。与 SERVQUAL 量表唯一的不同之处在于，SERVPERF 量表用直接度量的方法测量顾客对服务质量的实际感知，而不再采用差异比较的方法。经国内外研究证实，SERVPERF 量表在信度和效度方面都要优于 SERVQUAL 量表。

综上所述，在服务质量的维度划分方面，多数学者均认同服务质量具有多维属性，如以格罗鲁斯为代表的学者将服务质量分为技术质量维度和功能质量维度；普拉苏曼、蔡特哈姆尔和贝瑞三人将服务质量分为有形性、可靠性、响应性、保证性和移情性等 5 个维度。在服务质量的测量方面，经过学者们不断地深入研究，逐渐达成了以下共识：第一，服务质量需要由使用者进行主观评价；第二，对服务质量的测量不涉及服务期望，可以直接度量服务质量。

6.2 居家养老服务质量研究

6.2.1 居家养老服务质量评价体系研究

相关成果根据研究内容可以大致分为两类：一类是理论性研究，一类是实证性研究。

6.2.1.1 居家养老服务质量评价体系的理论研究

既有研究多从较为宏观的理论层面对居家养老服务质量评价体系进行设计。胡光景认为居家养老服务质量评价体系由 4 个部分构成，即评价主体、评价指标、评价方法、评价结果；杨朔从准公共服务价值取向、服务质量链条、服务内容类型等 3 个维度构建了居家养老服务质量测评标准化模型；吉鹏、李放认为应构建以老年人满意度为中心的居家养老服务质量评价体系，主要包括养老服务前摄性评价、养老服务的效率评价、养老服务的满意度评价等 3 个方面；王成、丁社教从服务机构、政府参与、客户感知等 3 个维度构建了居家养老服务质量评价层次结构模型。

6.2.1.2 居家养老服务质量评价体系的实证研究

部分国内学者尝试对居家养老服务质量开展测评。章晓懿、刘帮成对上海市居家养老服务质量进行了实证研究；杨波、林毓铭等人对广州市智慧居家养老服务质量进行了测量；江海霞、张澜等人从宏观和微观两个层面出发，尝试构建了居家养老服务质量指标体系；储亚萍、何云飞对合肥、扬州、南京、厦门等 4 个城市的居家养老服务质量进行了测量；吉鹏等对江苏省太仓、泰州、盐城三市的政府购买居家养老服务质量进行了测量；郭奕芬、邓波、陈树文和牟娉婷分别对南昌市、大连市沙河口区的居家养老服务质量进行了研究。虽然既有研究在维度和具体指标上存在差异，但绝大多数研究均以老年人为主体对居家养老服务质量进行评价，且多采用 SERVPERF 评价法，在实际操作中只进行了一次测量。

6.2.1.3 测量方法

具体测量方法可以分为以下 3 类。

一是建立数学模型进行测量。廖楚晖、甘炜等人运用模糊综合分析方法建立了居家养老服务质量评价指标体系，从物质条件、生活服务及精神慰藉等 3 个方面对居家养老的服务质量进行了评价；宋雪程将层次分析法和模糊综合评价结合起来，建立了多级模糊综合评价模型，对居家养老服务质量进行定量化分析；陈树文、牟娉婷采用模糊综合分析法对大连市沙河口区的居家养老服务质量进行了研究。

二是开发居家养老服务质量量表。章晓懿、刘帮成通过开发居家养老服务质量量表，并利用量表对上海市的助餐服务、助洁服务、助医服务及康乐服务的质量进行了测量；杨波、林毓铭等人尝试开发智慧居家养老服务质量量表，并将量表应用于服务质量研究中；郭奕芬、邓波所设计的居家养老服务质量量表包含 24 个问项，采用李克特五级评分制来进行计分衡量，分别记为“1—非常不满意、2—不满意、3—一般、4—满意、5—非常满意”。

三是单一题项测量。张国平等在研究居家养老服务满意度及其影响因素时，用“服务质量评价”题项进行测量，选项为“非常好、较好、一般、不太好、很不好”五级；侯志阳将服务质量分为家政人员服务质量、志愿者服务质量，选项为“满意、说不清、不满意”；储亚萍、何云飞将质量满意度作为衡量居家养老服务满意度的指标，“质量满意度”题项为产品或服务的质量有没有达到老人的要求，选项为“非常满意、比较满意、一般、比较不满意、非常不满意”五级；何兰萍、杨林青等人也采用“非常满意＝1、比较满意＝2、一般＝3、不太满意＝4、很不满意＝5”的五级评分对居家养老服务质量进行测量。

6.2.2　居家养老服务质量的影响因素研究

一些学者指出，当前居家养老服务存在质量不高、服务满意度低的问题。通过梳理当前文献，笔者发现影响居家养老服务质量的因素可归纳为服务供给和老年人个体因素两个方面。

6.2.2.1　服务供给

从服务供给的角度来看，主要原因可归结为以下几点。

第一，供给主体。我国的居家养老服务资源存在较为明显的区域差异：相比农村而言，城市的居家养老服务资源更为丰富，城市老年人对居家养老服务质量的满意度普遍高于农村老年人；东部大城市的居家养老服务资源明显优于西部城市和中小城市，比如一项调查显示，南京市、北京市的老年人社区养老服务满意度均高于咸阳市。总体而言，经济发达地区的居家养老服务资源更为丰富，服务质量整体较高，经济欠发达地区的居家养老服务资源不足问题较为普遍，一定程度上对服务质量产生了不利影响。

第二，服务人员的专业化程度。有研究表明，多数一线居家养老服务人员缺乏专业训练，服务工作中依靠经验者居多，专业化水平不高，服务工作缺乏系统性和连续性，不能满足社区老年人群体的服务需求。

第三，供给内容。在现实中，政府购买的部分居家养老服务与老年人的实际服务需求不匹配，导致服务项目少有人问津，形同虚设，浪费了本就有限的服务资源。此外，目前居家养老服务多以家政、维修服务为主，针对失能老人及其家庭照料者的支持性服务较少，解决老年人生活“痛点”的能力需要提升。

6.2.2.2　老年人个体因素

当前有关居家养老服务质量的研究多从服务接受者，即老年人视角对居家养老服务质量进行评价，质量评价带有一定的主观性。因此，居家养老服务质量评价可能会受到诸如年龄、性别、健康状况、居住安排、收入、受教育程度，以及是否享受政策补贴等老年人个体差异的影响。

年龄。有研究表明，不同年龄阶段的老年人对服务质量的感知存在显著差异。70—79岁的老年人对文化娱乐服务的满意度评价要高于其他年龄段，而90岁以上的老年人对文化娱乐服务的质量评价最低。60—69岁的老年人对助医服务的质量评价最高，而70—79岁的老年人对此项服务的质量评价最低。但也有研究显示，年龄与老年人对居家养老服务的质量评价之间并无显著相关性。

性别。有研究表明，男性老人对于社区养老服务质量的评价要明显高于女性老人，女性老人对优质服务的需求高于男性老人，当服务质量不能很好地满足需求时，女性老人更倾向于做出消极评价。但也有研究显示，性别与老年人对居家养老服务的质量评价之间并无显著相关性。

健康状况。不同健康状况的老年人对养老服务质量的评价存在差异，健康状况越好、生活越能自理的老年人对居家养老服务的满意度越低，而生活不能自理的失能老人对居家养老服务的满意度较高。但也有研究给出了相反的结论，有的学者认为健康老人更加倾向于对社区养老服务质量做出积极评价，而残疾老人则对服务质量的评价较低。

居住安排。有研究表明，在不同居住安排的老年人中，空巢家庭的老年人对居家养老服务的满意度总体上要高于非空巢家庭的老年人。独居老人对社区助医服务的质量评价最高，与配偶共同生活的老年人对社区医疗服务的质量评价低于独居老人，但高于与子女同住或与亲戚、朋友同住的老年人。与配偶或子女一起居住的老年人对家政服务的满意度要高于独居老人。

受教育程度。随着受教育程度的提高，受访老人对社区养老服务的满意度总体上也随之提高。但也有研究显示，老年人的文化程度与其对居家养老服务的质量评价呈负相关，相比于高中以上文化程度的老年人，小学文化程度的老年人对居家养老服务的满意度更高。

收入。有研究表明，月收入 1000 元以下的老年人对居家养老服务的质量评价会随着收入的增加而上升，而在月收入 1000 元以上的老年人中，对居家养老服务的质量评价会随着收入的增加而下降。

是否享受政策补贴。有研究对获得政策补贴的老年人和自费接受服务的老年人进行比较，自费老年人对居家养老服务的质量评价普遍低于接受政策补贴的老年人。

综合既有研究可知，在居家养老服务质量评价体系中，几乎所有研究均以老年人的主观感受作为评价居家养老服务质量的主要依据。相较于单一题项或单一的测量，多维度的服务质量评价体系应用得更为广泛。

6.3　政府购买居家养老服务质量评价体系的构建

6.3.1　维度与指标的确定

按照内容分析法，笔者对访谈资料和政策文件进行整理与分析，将各方对居家养老服务质量的共性认识总结归纳为 5 个维度，分别是有形性、可靠性、沟通性、移情性、实效性。

6.3.1.1　有形性

场地和硬件设施是居家养老服务顺利开展的基础和支撑，政策文件和行业规范中均对此有明确要求，如 2013 年由商务部发布并实施的《居家养老服务规范》中明确指出，居家养老服务机构“应具有与其业务范围相适应的固定的经营场所、基础设施”；2019 年正式实施的《北京市居家养老服务规范》中规定：“服务设施设备的种类、数量应满足居家养老服务的需求。”对于机构管理者和老年人而言，固定的场地和较好的硬件设施同等重要，这些被认为是机构提供优质服务的基础和前提。

> 场地和硬件设施这些必须是要有的，我们要求如果想要承接项目就一定得有固定的场地和设施，说句不好听的，连场地都没有，那不是闹着玩儿么，再说，也没法儿开展活动啊。（受访者 22）
>
> 该有的硬件设施我们这里都有，你看，桌子、椅子、打印机、饮水机，再有就是按摩椅、康复器材、麻将桌，这些都是我们自己买的，质量都很好，前段时间政府来人检查的时候看到我们这里的硬件设施都非常满意。（受访者 13）
>
> 我觉得场地是最基础的条件，毕竟不是网店嘛，你得办活动、干工作，没个办公室，我们也没地方去找你们啊。（受访者 04）

在访谈中，老年人非常看重居家养老服务机构的卫生状况及服务人员的个人形象。

> 这些机构是我们老年人常去的地方，最起码得干净，可别邋里邋遢的。干净卫生是最起码的要求，你就算在自己家也得打扫卫生啊，更何况是工作场所。（受访者 06）
>
> 咱们这里的服务人员得注意一下自己的个人形象，别衣冠不整、流里流气的，大夏天光个膀子，这在自己家里行，在工作单位就不好了，得干净利索一点儿。（受访者 10）

在《北京市居家养老服务规范》中就有规定：居家养老服务机构的内外环境应整洁、卫生、舒适，服务人员的着装需统一、规范、整洁，并按规定佩戴证件、标牌。

6.3.1.2 可靠性

居家养老服务是需要员工具备一定专业技能的劳动密集型行业，服务结果的好坏与服务人员的专业能力密不可分，良好的专业能力是服务人员提供高质量服务的保证。《居家养老服务规范》中明确要求，服务人员应“具备居家养老服务相适应的岗位技能和知识”“具备有关居家养老服务的法律法规基础知识”。获得与工作相关的资质证书常被认为是服务人员专业能力的体现，但有些时候，部分服务人员在入职时只有健康证而尚未取得相关的资质证书。因此，老年人对服务人员实际工作表现的评价也是衡量服务人员专业能力的重要参考。在访谈中，老年人常会用干活儿“麻利”“熟练”“像样儿”等词语来形容服务人员的专业能力。

> 小张、小李（工作人员）他们几个干活儿总的来说还是可以的，挺勤快，也不偷懒，不管是擦桌子，还是收拾屋子、打扫卫生，都挺好的。（受访者08）
>
> 招聘的时候我们的要求就是最好有证，即使一开始没有，后期也得边干边考，比如护理员证、社工证。除了有证，也得看实际工作情况，这一行也不轻松，得勤快能干。（受访者15）

《北京市居家养老服务规范》中明确指出，准时性是衡量服务质量的重要特征，服务机构与服务人员要“在规定的时间内，按时提供服务”。在访谈中，一些老年人提到了自己曾经历过的服务延误情况。虽然多数老年人均表达了对于偶尔延误的谅解，但服务延误会严重影响顾客对服务质量的评价。

> 可能我这个人比较守时吧，我觉得守时还是挺重要的一件事，约好几点就几点嘛，平白无故地不来或迟到总归是不好的。如果有一些特殊原因，或者一回两回倒也无所谓。（受访者09）
>
> 有一次跟他们约好了时间，约的是下午3点来我家打扫卫生，结果来

晚了一个小时，说是在上一家干的时间有点长，加上路上封路，绕了一大圈才到。（受访者 02）

安全性是服务业的基本原则，在居家养老服务业同样如此。《北京市居家养老服务规范》中明确规定：“提供的服务或产品应该是安全的，不威胁公众财产和人身安全。”安全性作为衡量居家养老服务质量的指标同样受到老年人和服务人员的认可。

我们平常组织老年人做活动的时候都会一再跟现场工作人员强调，一定要特别注意安全问题，我们办公室里常备着各种急救用品。你看，这是速效救心丸、绷带，我们还打算买一台 AED 备着，以防万一。（受访者 17）

安全问题非常重要，咱们干的这一行也不能说一点风险没有，毕竟接触的都是老人，身子骨不能跟年轻人比。比如说给老人洗澡时就一定得注意安全，要提前准备好凳子，或者直接让老人坐在凳子上。另外，洗澡的时间别太长，搓身体的时候要尽量轻点儿。（受访者 21）

6.3.1.3 沟通性

良好的服务态度是服务业对从业人员行为规范的最基本要求，这一点在居家养老服务中体现得尤其明显。《居家养老服务规范》中明确指出，服务人员应“表情自然、亲切，微笑服务”“符合相应岗位的服务礼仪规范”。老年人和机构人员均认为良好的服务态度能够体现出服务人员对老年人的尊重，是高质量服务的重要构成因素。

我跟小张接触得比较多，他人特别好，特别实在，我挺喜欢的。他态度特别好，遇到那种事儿挺多的人，人家也不着急，还是特别耐心。（受访者 03）

我们（机构）入职培训的第一课就是讲要做到礼貌服务、微笑服务。

（受访者 18）

我愿意来这里玩儿，一是因为这里老人多，大家在一块挺热闹；二是这里的工作人员特别热情，让你觉得心里挺得劲儿，觉得挺亲切。（受访者 04）

为老年人服务需要爱心，《居家养老服务规范》中要求服务人员应做到“尊老敬老，富有爱心”，这种爱心在日常工作中具体体现在服务人员要对老年人多体贴、多关心、多留心，用心去做好每一件“小事”，而服务人员的用心付出也必然会赢得老年人的认可和信任。

有一次让我挺感动的，我腿脚不好，小张（工作人员）老远看见我来了，就要过来接我，我说不用，他非得过来扶着我。说实话，人家也挺忙的，咱自己走就行，让我觉得真是把我当成亲人对待。（受访者 10）

他们每次来看我，临走的时候都会嘱咐我，让我按时吃饭、按时吃药，有什么困难就给他们打电话，有时候还给我送来大米、面、油，看我这里缺什么也想着给我带过来，人家大老远跑过来也不容易，我挺感动的。（受访者 11）

老年人在使用服务的过程中难免会遇到一些问题，这就需要服务人员能够做出及时的回应。《居家养老服务规范》中指出，及时性是高质量服务的特征之一，对服务对象需求的回应速度是及时性的具体体现。顺畅的交流是及时回应的基础，《居家养老服务规范》中明确规定，服务人员“应使用普通话，语调语速适当，语言简洁、准确”。

有什么不明白的问他们，他们都挺热情，我耳朵有点儿背，人家怕我听不明白，一句话说好几遍，还给我写纸上，怕我忘了。（受访者 03）

之前那个小宋（工作人员）干活儿也挺好，就是说话方言挺重，人家也改不过来，我有时候还真是听不懂，再加上耳朵有点儿背，沟通起来有

点儿费劲。(受访者 06)

我们在岗前培训的时候对服务人员的要求是能够及时回应老人的需求，有问题时，能解决的立即解决，解决不了的要马上向领导反映，反正就是得重视老人的诉求。(受访者 19)

6.3.1.4 移情性

服务的目的在于满足需求，老年人对服务的需求可能存在个体差异，这就要求服务人员要重视对老年人个性化服务需求的回应。《北京市居家养老服务规范》中规定，服务人员要重视“服务对象在服务提供过程中对服务环境、服务设施和服务过程等的感受”，对于老年人提出的个性化服务需求，服务人员应在允许的范围内尽量予以满足，若不能满足应向老年人做出合理解释。

人上了年纪，一辈子的习惯就更不好改了，比如说我还是习惯吃馒头，服务人员就特地帮我把主食换成了馒头。(受访者 01)

个别的老人挺个性，提的要求不少，咱也不能说不好，还是得好好应着，能帮着做点什么就做点什么，比如陪着去买个药、拿个快递什么的，实在帮不了的就好好解释一下。(受访者 18)

6.3.1.5 实效性

老年人基于其核心服务需求的满足情况对核心服务效果进行主观评价，本研究中的核心服务效果指的是服务的功能性和有效性，即老年人使用服务首先需要满足的需求。《北京市居家养老服务规范》中指出，高质量的居家养老服务应首先“满足服务对象需求的最基本条件”。在访谈中，很多受访老人表示会首先关注产品或服务本身的质量，即注重对核心服务质量的评价。

我们在检查政府购买的服务的时候，最看重的就是实效性，没有效果的服务一文不值，政府的钱不能打水漂，得为纳税人负责。(受访者 22)

我觉得去社区参加活动，尤其是听讲座、搞培训这一类的，讲的内容最好是咱们老百姓生活里用得着的，让大家伙听完之后知道该做什么、不该做什么。我之前听的那个讲座就挺好，听完讲座我就知道像月饼、元宵这类高油、高糖的食物必须得少吃，晚上也要少喝粥，因为喝粥升糖快。（受访者 12）

在确定量表维度及每一个维度内涵的基础上，设计量表的初始题项。政府购买居家养老服务质量量表的初始题项来源主要有 3 个方面：相关领域既有研究成果、深度访谈资料、政府颁布的规范性文件（如《居家养老服务规范》《河北省居家养老服务条例》等）。量表采用李克特五级评分制的形式，请受访老人对每个题项的描述按照不同意、不太同意、一般、比较同意和同意做出 1—5 分的评价。表 6-2 为政府购买居家养老服务质量的测量维度内涵与初始题项表。

表 6-2　政府购买居家养老服务质量的测量维度内涵与初始题项表

维度	内涵	测量题项	代码	题项来源
有形性（T）	养老机构中的场所、硬件设施、卫生情况，服务人员的仪表着装	机构有正式的服务场所 机构内环境卫生、整洁 服务人员着装统一、干净 机构内所需的服务设施齐全	T1 T2 T3 T4	SERVQUAL 量表 政策文件 定性访谈
可靠性（R）	服务人员可靠、准确地履行服务承诺的能力，包括服务人员的业务能力、准时性与可信任度	服务人员值得信任 服务人员能够在约定的时间，准时为您提供服务 服务人员具备专业技能（如制作营养餐、护理服务、卫生清洁等） 服务人员具备专业知识（如懂得饮食营养搭配、康复护理等）	R1 R2 R3 R4	SERVQUAL 量表 政策文件 定性访谈
沟通性（C）	服务人员举止得体、礼貌，关心老人，能够对老人的问题及时做出回应	服务人员言谈举止很有礼貌 服务人员很有耐心 服务人员对您很关心 服务人员总是能够及时地解答您的问题	C1 C2 C3 C4	SERVQUAL 量表 政策文件 定性访谈

续表

维度	内涵	测量题项	代码	题项来源
移情性（E）	服务人员重视并且能够满足老年人的差异化服务需求	服务人员能够考虑您的情况，为您着想	E1	SERVQUAL量表 政策文件 定性访谈
		服务人员总是尽力满足您的需求	E2	
		服务人员重视您的个性化服务需求	E3	
		服务人员能够根据您的要求，对服务进行调整	E4	
实效性（U）	提供的服务是否能够满足老年人的基本服务需求	总体上，服务能够满足您的需求	U1	政策文件 定性访谈
		总体上，服务效果符合您的预期	U2	
		总体上，您对服务效果很满意	U3	

6.3.2 预调查数据分析

表6-3为基于预调查数据的量表内部一致性信度分析结果。据数据分析结果可知，除T1之外，其余18个题项的项总相关系数值均高于0.5，且删除T1后，所在维度的克朗巴哈系数有明显提高，故考虑删除T1题项。T1题项内容为“机构有正式的服务场所”，该题项在调查中与其他题项相关性较低，这可能是因为“拥有固定的服务场所”是机构通过政府主管部门审核、批准成立的前提条件，因此现阶段正常运营的机构均有固定的服务场所，使得受访老人对该题项的回答高度相似，且区分度较差，故做删除处理。

删除T1题项后，量表整体的克朗巴哈系数为0.946，有形性、可靠性、沟通性、移情性、实效性等5个维度的克朗巴哈系数分别为0.878、0.833、0.884、0.933、0.950，均高于0.7的标准值，表明居家服务质量量表具有较高的内部一致性信度。

表 6-3　基于预调查数据的量表内部一致性信度分析结果

维度	代码	项总相关系数	若删除此项，克朗巴哈系数	克朗巴哈系数
有形性（T）	T1	0.454	0.936	0.878
	T2	0.870	0.788	
	T3	0.846	0.798	
	T4	0.804	0.816	
可靠性（R）	R1	0.763	0.742	0.833
	R2	0.661	0.790	
	R3	0.589	0.821	
	R4	0.643	0.798	
沟通性（C）	C1	0.688	0.874	0.884
	C2	0.781	0.839	
	C3	0.872	0.801	
	C4	0.666	0.883	
移情性（E）	E1	0.789	0.938	0.933
	E2	0.871	0.904	
	E3	0.914	0.890	
	E4	0.845	0.913	
实效性（U）	U1	0.850	0.961	0.950
	U2	0.923	0.905	
	U3	0.915	0.912	

表 6-4 为基于预调查数据的量表探索性因子分析结果。在完成题项净化后，本研究运用主成分分析法，采用最大方差法对量表进行探索性因子分析，以检验居家养老服务质量量表的构造效度。结果显示，KMO 值为 0.906，近似卡方值为 2429.966，自由度为 153，sig 值为 0.000，数据通过了 KMO 和巴特利球形检验，表明数据适合进行探索性因子分析。

通过探索性因子分析共得到 5 个因子，累计方差解释率为 81.853%，达到社会科学实证研究的标准。5 个因子与本研究之前通过理论分析和实地访谈确定的 5 个维度相吻合，初步证明了维度划分的合理性。此外，每个题项在相应因子上的负荷均大于 0.5，且没有出现跨因子负荷情况。基于上述分析可以说明，本研究设计的居家养老服务质量量表具有较高的构造效度。

表 6-4 基于预调查数据的量表探索性因子分析结果

维度	代码	探索性因子分析				
		因子 1	因子 2	因子 3	因子 4	因子 5
有形性(T)	T2	0.843				
	T3	0.893				
	T4	0.897				
可靠性(R)	R1		0.647			
	R2		0.531			
	R3		0.716			
	R4		0.804			
沟通性(C)	C1			0.572		
	C2			0.696		
	C3			0.731		
	C4			0.825		
移情性(E)	E1				0.719	
	E2				0.807	
	E3				0.83	
	E4				0.765	
实效性(U)	U1					0.819
	U2					0.861
	U3					0.824

基于预调查数据，本研究对居家养老服务质量量表的信效度进行了初步检验，并确定了量表题项，由此进入正式调查阶段。

6.3.3 正式调查数据分析

表 6-5 为基于正式调查数据的量表内部一致性信度分析结果。据数据分析结果可知，量表整体的克朗巴哈系数为 0.905，有形性、可靠性、沟通性、移情性、实效性等 5 个维度的克朗巴哈系数分别为 0.850、0.797、0.823、

0.881、0.783。

表 6-5　基于正式调查数据的量表内部一致性信度分析结果

维度	代码	项总相关系数	若删除此项，克朗巴哈系数	克朗巴哈系数
有形性（T）	T2	0.702	0.809	0.850
	T3	0.711	0.799	
	T4	0.747	0.765	
可靠性（R）	R1	0.713	0.692	0.797
	R2	0.617	0.744	
	R3	0.532	0.785	
	R4	0.582	0.760	
沟通性（C）	C1	0.607	0.794	0.823
	C2	0.652	0.775	
	C3	0.690	0.757	
	C4	0.639	0.780	
移情性（E）	E1	0.660	0.881	0.881
	E2	0.746	0.845	
	E3	0.821	0.814	
	E4	0.770	0.836	
实效性（U）	U1	0.600	0.728	0.783
	U2	0.614	0.714	
	U3	0.649	0.675	

表 6-6 为基于正式调查数据的量表探索性因子分析结果。据数据分析结果可知，全部 18 个题项被归为 5 个因子，且没有出现跨因子负荷情况，累计方差解释率为 70.261%。综上所述，本研究开发的居家养老服务质量量表具有良好的内部一致性信度和构造效度。

表 6-6 基于正式调查数据的量表探索性因子分析结果

维度	代码	探索性因子分析				
		因子 1	因子 2	因子 3	因子 4	因子 5
有形性(T)	T2	0.810				
	T3	0.820				
	T4	0.859				
可靠性(R)	R1		0.838			
	R2		0.781			
	R3		0.703			
	R4		0.763			
沟通性(C)	C1			0.545		
	C2			0.687		
	C3			0.712		
	C4			0.812		
移情性(E)	E1				0.629	
	E2				0.814	
	E3				0.791	
	E4				0.760	
实效性(U)	U1					0.798
	U2					0.702
	U3					0.703

本研究又采用验证性因子分析对量表的构造效度做了进一步检验，量表的验证性因子分析整体拟合系数如表 6-7 所示。结果显示，验证性因子分析模型的卡方/自由度为 2.344，小于 3；近似误差均方根为 0.057，小于 0.08；残差均方根为 0.018，小于 0.05；拟合优度指数、修正拟合优度指数分别为 0.928、0.901，均高于标准值 0.9，表明量表分析模型与数据的拟合程度良好。

表 6-7　量表的验证性因子分析整体拟合系数表

指标	卡方值	卡方/自由度	近似误差均方根	残差均方根	拟合优度指数	修正拟合优度指数	比较拟合指数	增值拟合指数
样本数据	292.966	2.344	0.057	0.018	0.928	0.901	0.955	0.955
检验标准	越小越好	＜3	＜0.08	＜0.05	＞0.9			

居家养老服务质量量表的验证性因子分析结果如图 6-3 所示。

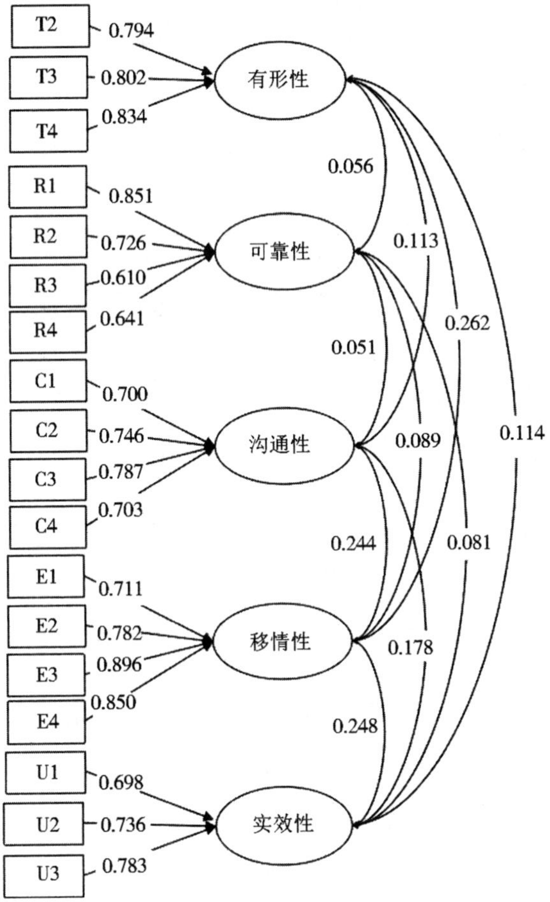

图 6-3　量表的验证性因子分析结果

由表 6-8 可知，量表各题项的标准化因子负荷系数值在 0.610—0.896 之间，均大于 0.5，各维度的平均方差提取量均高于 0.5，组合信度均大于 0.7。上述数值均高于海尔提出的判别标准，表明居家养老服务质量量表具有良好的收敛效度。

表 6-8 量表的收敛效度分析结果

潜变量	观测变量代码	标准化因子负荷	平均方差提取量	组合信度
有形性（T）	T2	0.794	0.656	0.851
	T3	0.802		
	T4	0.834		
可靠性（R）	R1	0.851	0.508	0.803
	R2	0.726		
	R3	0.610		
	R4	0.641		
沟通性（C）	C1	0.700	0.540	0.824
	C2	0.746		
	C3	0.787		
	C4	0.703		
移情性（E）	E1	0.711	0.661	0.885
	E2	0.782		
	E3	0.896		
	E4	0.850		
实效性（U）	U1	0.698	0.548	0.783
	U2	0.736		
	U3	0.783		

本研究采用福内尔和拉克尔提出的方法对量表的区别效度进行了检验，量表的区别效度分析结果如表 6-9 所示。若量表中各维度的平均方差提取量的平方根均大于各维度间相关系数的绝对值，则表明量表具有较高的区别效度。分析表 6-8 中的数据可知，各维度的平均方差提取量的平方根均大于各维度间相关系数的绝对值。由此可知，居家养老服务质量量表具有良好的区别效度。

表 6-9　量表的区别效度分析结果

潜变量	有形性（T）	可靠性（R）	沟通性（C）	移情性（E）	实效性（U）
有形性（T）	0.656				
可靠性（R）	0.056	0.508			
沟通性（C）	0.113	0.051	0.540		
移情性（E）	0.262	0.089	0.244	0.661	
实效性（U）	0.114	0.081	0.178	0.248	0.548
平均方差提取量的平方根	0.810	0.713	0.735	0.813	0.740

综上所述，本研究开发的居家养老服务质量量表具有良好的内部一致性信度和构造效度，维度与指标设置合理，为进一步构建政府购买居家养老服务质量评价模型奠定了基础。

6.3.4　确定维度和指标权重

量表虽具有简便易行的优点，但因默认各维度、指标具有相等权重，故未能真正体现出各维度、指标在重要性上的差异。有学者使用熵权法衡量维度或指标的重要性，但熵权法得出的权重系数体现的是同一指标下指标值的差异程度，而非指标的重要性。本研究采用层次分析法来确定量表中各维度、指标的重要性权重。

在层次分析法中，目标被分为若干层次，由高到低依次为目标层、准则层和方案层。本研究中，目标层为养老机构服务质量，准则层分为 A、B 两层，准则层 A 为有形性、可靠性、沟通性、移情性、实效性等 5 个维度，准则层 B 为 18 项具体指标。准则层 B 的指标直接影响准则层 A，准则层 A 的指标直接影响目标层。同一层次的指标之间是并列的，但同一层次的指标对上一层关联指标的影响是不同的。层次分析法采用“两两对比”的方法来确定下层指标对上层指标的重要性。以准则层 A 的 5 个维度的权重计算为例，具体操作步骤如下。

第一步，采用德尔菲法建立判断矩阵。本研究邀请了 5 位专家在互相不见面、不商量的情况下，对各指标的相对重要性进行两两对比，采用 1—9 值法打分，5 个维度对于目标层的判断矩阵如表 6-10 所示。

表 6-10　5 个维度对于目标层的判断矩阵

维度	实效性（U）	可靠性（R）	移情性（E）	沟通性（C）	可靠性（T）
实效性（U）	1	2	2	3	2
可靠性（R）	1/2	1	2	3	2
移情性（E）	1/2	1/2	1	1	2
沟通性（C）	1/3	1/3	1	1	2
可靠性（T）	1/2	1/2	1/2	1/2	1

第二步，首先求出此判断矩阵中每一行要素的乘积 M_i，如 $M_1=1\times2\times2\times3\times2=24$，依次得出 $M_2=6$、$M_3=0.5$、$M_4=0.22$、$M_5=0.06$；然后求出 M_i 的 5 次方根 $\overline{M}_i$，即初始权重系数，如 $w'_1=\overline{M}_1=\sqrt[5]{24}=1.8882$，依次得出 $w'_2=1.4310$、$w'_3=0.8706$、$w'_4=0.7402$、$w'_5=0.5743$；再次将向量$[w'_1 w'2 w'_3 w'_4 w'_5]$归一化，得到指标权重 w_i，如 $w_1=\frac{1.8882}{1.8882+1.431+0.8706+0.7402+0.5743}=0.3430$，依次得出 $w_2=0.2600$、$w_3=0.1582$、$w_4=0.1345$、$w_5=0.1043$。

第三步，检验判断矩阵的单层一致性 CI 及随机一致性 CR。一般认为，当 CI、CR 值小于 0.1 时，可以认为多阶判断矩阵具有令人满意的一致性，可以有效防止主观判断带来的误差。其中，$CI=\frac{\lambda_{\max}-m}{m-1}$，$CR=\frac{CI}{RI}$。本研究中，准则层 A 的权重一致性 $CI=\frac{5.2088-5}{4}=0.0522$，经查询可知，当阶数为 5 时，$RI$ 值为 1.12，故 $CR=\frac{0.0522}{1.12}=0.0466$，$CI$、$CR$ 值小于 0.1，通过一致性检验。

根据上述方法，可以分别构造准则层 B 中 18 个指标相对于准则层 A 的 5 个判断矩阵。有形性、可靠性、沟通性、移情性、实效性等 5 个判断矩阵的单层一致性 CI 值分别为 0.0268、0.0292、0.0052、0.0371、0.0013，随机一致性 CR 值分别为 0.0516、0.0328、0.0059、0.0417、0.0025。上述判断矩阵的 CI、CR 值均小于 0.1，通过一致性检验，进而可以计算出准则层 B 中各指标的权重。

表 6-11　居家养老服务质量量表中各维度、指标的重要性权重

维度	随机一致性系数	指标	指标权重	指标均值	维度权重
有形性（T）	0.052	T2	0.052	4.537	0.104
		T3	0.031	4.465	
		T4	0.021	4.465	
可靠性（R）	0.033	R1	0.045	4.636	0.158
		R2	0.076	4.709	
		R3	0.025	4.610	
		R4	0.012	4.606	
沟通性（C）	0.006	C1	0.009	4.688	0.135
		C2	0.063	4.643	
		C3	0.038	4.643	
		C4	0.025	4.579	
移情性（E）	0.042	C1	0.046	4.559	0.260
		C2	0.077	4.263	
		C3	0.051	4.272	
		C4	0.086	4.284	
实效性（U）	0.003	U1	0.129	4.512	0.343
		U2	0.098	4.444	
		U3	0.116	4.493	

由此可见，居家养老服务质量量表中各维度的权重从高到低依次为实效性（0.343）、移情性（0.260）、可靠性（0.158）、沟通性（0.135）、有形性（0.104）。在服务质量的 5 个维度中，实效性和移情性是最重要的两个维度，

其次是可靠性和沟通性，有形性的重要性最低。

6.4 政府购买居家养老服务质量现状

本研究应用新开发的政府购买居家养老服务质量量表对河北省居家养老服务质量进行测量。

6.4.1 服务质量总体状况

在全部样本中，老年人对居家养老服务质量的平均得分为77.677，标准差为7.262，最高得分为86，最低得分为42。在服务质量各维度中，题项平均得分最高的是可靠性（4.651），其他依次为沟通性（4.648）、实效性（4.498）、有形性（4.494），移情性（3.375）题项的平均得分最低。

在各题项中，“服务人员能够在约定的时间，准时为您提供服务”得分最高（4.73），老年人对服务人员言谈举止表现出的礼貌性评价较高（4.70）、对服务人员的信任度较高（4.65）、对服务人员在服务中的耐心评价较高（4.65）。同时，老年人对移情性中的一些题项评价较低，尤其是“服务人员总是尽力满足您的需求”（3.30）、“服务人员重视您的个性化服务需求”（3.31）、“服务人员能够根据您的要求，对服务进行调整”（3.32）等3个题项的得分较低，这反映出服务人员在老年人个性化服务需求的重视和回应上存在不足，居家养老服务质量各维度、题项的得分情况见表6-12。

表 6-12　居家养老服务质量各维度、题项的得分情况

维度	题项	均值	标准差	最低分	最高分
有形性	机构内环境卫生、整洁	4.550	0.703	1	5
	服务人员着装统一、干净	4.470	0.697	1	5
	机构内所需的服务设施齐全	4.470	0.690	1	5
可靠性	服务人员值得信任	4.650	0.571	2	5
	服务人员能够在约定的时间，准时为您提供服务	4.730	0.522	2	5
	服务人员具备专业技能（如制作营养餐、护理服务、卫生清洁等）	4.620	0.564	2	5
	服务人员具备专业知识（如懂得饮食营养搭配、康复护理等）	4.610	0.557	2	5
沟通性	服务人员言谈举止很有礼貌	4.700	0.603	1	5
	服务人员很有耐心	4.650	0.653	1	5
	服务人员对您很关心	4.650	0.598	1	5
	服务人员总是能够及时地解答您的问题	4.590	0.611	1	5
移情性	服务人员能够考虑您的情况，为您着想	3.570	0.648	1	4
	服务人员总是尽力满足您的需求	3.300	0.782	1	5
	服务人员重视您的个性化服务需求	3.310	0.821	1	4
	服务人员能够根据您的要求，对服务进行调整	3.320	0.814	1	5
实效性	总体上，服务能够满足您的需求	4.530	0.632	3	5
	总体上，服务效果符合您的预期	4.460	0.654	1	5
	总体上，您对服务效果很满意	4.510	0.651	1	5
服务质量得分		77.677	7.262	42	86

总体上来看，老年人对当前居家养老服务质量评价较高，但各维度的得分存在差异。具体而言，一方面，老年人对服务的可靠性评价最高，表明居家养老服务提供方具有较好的履行服务承诺的能力，老年人对服务人员的业务能力比较认可，对服务人员的信任度较高；但另一方面，老年人对服务的移情性评价较低，说明服务人员提供的个性化服务不足，难以满足老年人差异化的养老服务需求。

图 6-4 将居家养老服务质量量表各维度的得分均值与权重进行了对比，由此可见，移情性的权重较高，但得分最低，成为居家养老服务质量各维度中最为明显的“短板”。

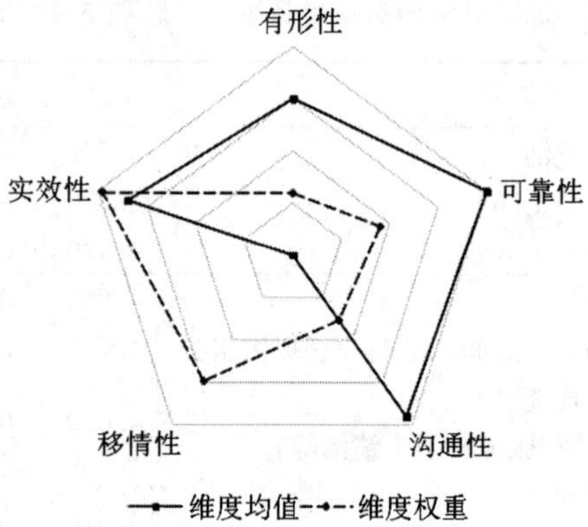

图 6-4 居家养老服务质量量表各维度的得分均值与权重对比图

6.4.2 不同社会人口特征老年人的服务质量评价

表 6-13 展示了不同社会人口特征变量与居家养老服务质量之间的关系。

表 6-13 不同社会人口特征老年人的服务质量评价

变量定义	变量取值	服务质量得分			
		均值	标准差	T/F 值	p 值
性别	0＝女	77.872	6.630	0.391	0.532
	1＝男	77.442	7.972		
年龄	1＝60—69	78.908	5.264	4.547	0.004
	2＝70—79	78.000	7.555		
	3＝80—89	76.433	7.965		
	4＝90 及以上	73.000	10.947		
婚姻状况	0＝无配偶	77.607	7.206	0.028	0.868
	1＝有配偶	77.730	7.320		

续表

变量定义	变量取值	服务质量得分			
		均值	标准差	T/F 值	p 值
文化程度	1＝不识字	75.655	10.170	1.952	0.101
	2＝小学	78.621	5.813		
	3＝初中	77.667	6.687		
	4＝高中或中专	77.561	7.775		
	5＝大专及以上	78.683	4.845		
自评健康状况	1＝非常不好	74.970	10.070	4.995	0.001
	2＝不太好	76.011	8.319		
	3＝一般	77.624	7.114		
	4＝比较好	79.000	5.612		
	5＝非常好	80.600	4.251		

在社会人口特征变量中，性别、婚姻状况、文化程度与居家养老服务质量得分之间没有显著相关性，即不同性别、婚姻状况、文化程度的老年人在居家养老服务质量评价方面没有显著差异，而年龄、自评健康状况与居家养老服务质量得分之间存在显著相关性。就年龄而言，随着老年人年龄的增长，服务质量得分逐渐下降，60—69 岁的老年人对居家养老服务质量的评价最高，90 岁及以上的老年人对居家养老服务质量最不满意。就自评健康状况而言，老年人的健康状况越好，对居家养老服务质量的评价越高。

本研究以服务质量得分为因变量，以老年人社会人口特征变量为自变量纳入多元线性回归模型。

表 6-14 不同社会人口特征变量与居家养老服务质量的多元线性回归模型分析结果

变量	系数	标准差	T 值	p 值
性别	−0.378	0.752	−0.502	0.616
年龄	−1.094	0.442	−2.476	0.014
婚姻状况	−1.171	0.783	−1.496	0.135
文化程度	0.556	0.275	2.018	0.044
自评健康状况	1.442	0.361	3.997	0.000
常数	78.541	1.856	42.328	0.000
F 值		6.385		

据表 6-14 中的数据可知，男性老人与女性老人、有配偶老人和无配偶老人在居家养老服务质量的评价得分上没有显著差别，而年龄对居家养老服务质量得分具有显著的负面影响，具体而言，年龄每增长一岁，老年人对居家养老服务质量的评价便会下降 1.094 个单位；文化程度对居家养老服务质量得分具有显著的正向影响，具体来说，文化程度越高的老年人，更倾向于对居家养老服务质量做出积极评价；自评健康状况对服务质量评价具有显著的积极影响，老年人的健康状况越好，对居家养老服务质量的评价得分越高。

6.4.3 不同居家养老服务项目的质量评价

本研究以河北省政府购买居家养老服务项目清单为依据，在问卷中列出了 4 大类、15 种居家养老服务项目，分别是生活照料服务（个人卫生服务、喘息服务、陪诊就医、协助移位）、康复服务（指导与评估、功能训练、康复按摩）、家政服务（小时工、日常保洁、衣物拆洗缝补）、关怀服务（关怀访视、生活陪伴、辅助社会交往、心理咨询、不良情绪干预）。

表 6-15　居家养老服务项目使用频率分析

服务类型	服务项目	频率	百分比
生活照料服务	个人卫生服务	102	24.600%
	喘息服务	3	0.700%
	陪诊就医	12	2.900%
	协助移位	0	0.000%
	小计	117	28.200%
康复服务	指导与评估	9	2.200%
	功能训练	1	0.200%
	康复按摩	10	2.400%
	小计	20	4.800%
家政服务	小时工	196	47.200%
	日常保洁	38	9.200%
	衣物拆洗缝补	22	5.300%
	小计	256	61.700%
关怀服务	关怀访视	20	4.800%
	生活陪伴	2	0.500%
	辅助社会交往	0	0.000%
	心理咨询	0	0.000%
	不良情绪干预	0	0.000%
	小计	22	5.300%

据表 6-15 可知，老年人最常使用的居家养老服务类型是家政服务，占比为 61.7%，其次是生活照料服务，占比为 28.2%，关怀服务（5.3%）和康复服务（4.8%）的使用频率较低。

从具体服务项目来看，小时工是老年人使用频率最高的服务项目，占比为 47.2%，其次是个人卫生服务，占比为 24.6%，日常保洁占比为 9.2%，其他服务项目的使用频率较低，几乎没有受访老人使用协助移位、辅助社会交往、心理咨询和不良情绪干预等服务项目。

表 6-16 部分居家养老服务项目的服务质量得分

服务项目	平均得分	标准差
个人卫生服务	78.941	8.392
陪诊就医	75.583	8.073
康复按摩	78.800	10.108
小时工	76.071	5.848
日常保洁	78.947	6.085
衣物拆洗缝补	83.091	0.294
关怀访视	80.400	7.177

由于一些服务项目，如功能训练、喘息服务、指导与评估、生活陪伴等的填答人数较少，因此，本研究仅对填答人数达到 10 人及以上的服务项目进行服务质量得分统计。据表 6-16 可知，家政服务中的衣物拆洗缝补的服务质量得分最高（83.091），其他依次为关怀访视（80.400）、日常保洁（78.947）、个人卫生服务（78.941）、康复按摩（78.800），小时工（76.071）和陪诊就医（75.583）的服务质量得分排在后两位。考虑到陪诊就医的使用人数较少（仅 12 人），故服务质量得分的参考性不强，而小时工的使用人数最多，故该服务的服务质量问题值得重点关注。

在居家养老服务使用情况方面可以总结出以下两点。

第一，各类居家养老服务项目的使用频率差异较大，使用最为频繁的项目集中在少数几项。目前，老年人使用频率最高的居家养老服务类型是家政服务，尤其是小时工的使用频率最高，总体上以日常生活型服务为主。

第二，在各类居家养老服务项目的服务质量得分方面，家政服务中的衣物拆洗缝补和关怀服务中的关怀访视得分较高，而使用人数最多的小时工则得分最低。总体上来看，各类服务在质量得分上差别不大，但对一些常用服务的质量评价略低。

此外，也应注意到居家养老服务项目的使用频率受到服务供需两方面的影响。在调查中，虽然一些服务项目的使用频率很低，但这并不代表老年人真的不需要这些服务，只是受困于服务供给不足而无法获得或无法就近使用。如在访谈中，不少老年人表达了对喘息服务的需求，但在实际调查中，有能力为居家老年人提供喘息服务的养老机构却很少，这就造成了老年人对该服务“求而不得”的局面。与此同时，家政服务的使用频率最高，一方面该类服务与老年人的生活息息相关，需求较大；另一方面也与家政服务在实际生活中较为普及，且容易获得有关。

6.4.4　政府购买居家养老服务质量存在的问题及成因分析

通过对调查数据及访谈资料进行整理分析，本研究对当前政府购买居家养老服务在服务质量方面存在的主要问题及成因做出了以下分析。

第一，在服务质量各维度中，服务移情性的得分最低，在测量题项中，“服务人员总是尽力满足您的需求”“服务人员重视您的个性化服务需求”“服务人员能够根据您的要求，对服务进行调整”等 3 个题项的得分较低。这说明在当前居家养老服务过程中，服务人员难以满足老年人的个性化服务需求。其原因主要有三点：其一，从使用服务的老年人角度来看，由于老年人在健康状况、经济状况、文化水平、生活环境、生活习惯等方面均存在较大差异，养老服务需求异质性较大，这就导致服务提供者需要耗费更多的时间和精力才能根据不同老年人的服务需求做出适时、灵活的调整，这对服务人员的专业能力提出了更高的要求；其二，从服务提供方角度来看，我国居家养老服务的一线服务人员多数缺乏专业训练，服务工作中依靠经验者居多，专业化水平不高，服务工作缺乏系统性和连续性，服务能力欠缺，难以满足社区老年人群体的个性化服务需求；其三，从政府购买服务的过程来看，政府在购买居家养老服务的过程中存在“一刀切”现象，很难根据老年人的不同服务需求制定个性化的服务方案，服务对象只能被动地接受政府安排的服务，不同状况的老年人的服务需求难以得到针对性的满足。

第二，政府购买居家养老服务的项目内容较为单一，服务项目与老年人的实际需求之间的供需不匹配问题突出。主要表现在：一是物质层面的养老服务项目居多，精神层面的养老服务项目较少；二是一些老年人急需的服务（如喘息服务）受限于机构的服务能力而难以提供。有研究表明，目前国内很多地方的居家养老服务项目的供给没有完全依据老年人的具体情况和实际需求而定，而是按照地区统一标准提供，使得政府购买的一些居家养老服务项目与老年人的实际需求不匹配，使得社区或机构设置的服务项目无人问津，流于形式，不仅造成资源的浪费，也容易导致老年人对政府购买服务产生不信任感。

> 你说的这种服务项目（精神关怀类服务），我们只在印刷册或宣传栏上见过，听社区的干部开会的时候提过，不过也没见哪里有过。（受访者09）

此外，笔者在对机构管理人员进行访谈时了解到，机构并非是不想提供该类服务，而是受限于机构内没有相关的专业人员，现有人员中也没有人能够承担该项工作，贸然提供该类服务怕带来不必要的麻烦。

> 你说的这类服务在政府的服务清单里有，不过我们这里一般不太涉及，一是没有能干这个的人，你看我们这里的工作人员，年纪都比较大，跟老人聊聊天、唠唠嗑没问题，可太专业的精神服务干不了，帮老人排解排解压力还行；二是人家老人也不怎么跟我们说这些，都不太熟。再说了，赶上疫情，社区的正事儿都忙不过来，现在实在没有工夫张罗这个。（受访者16）

第三，在政府购买居家养老服务的各维度中，老年人最看重服务的实效性。一方面，从以往笔者在多地所做的老年人居家养老服务需求调查来看，虽然不同研究中所列的服务项目不尽相同，但老年人需求比例较高的居家养老服务主要集中于助餐、家政、照料护理等服务项目。从居家养老服务需求类型来看，以生存型服务需求为主，这类服务主要用于弥补老年人自身及家庭照料能力的不足，服务的功能性和有效性是衡量该类服务的首要标准；另一方面，就老年人的消费心理而言，老年人的购买动机与行为多属于理智型，心理稳定程度高，注重商品或服务的实际效用，其购买动机以方便、实用、安全可靠、经济实惠为主，很少出现冲动性购买行为。老年人往往特别看重商品或服务的实际功能，要求商品或服务有好的功能、效用和质量。老年人的这种消费心理，在居家养老服务中便体现为老年人对服务实效性的重视。

> 政府购买服务是为咱老百姓办的实事儿，政府花了那么多钱，不能白花，必须得真真正正把钱用到实处，可不能弄那些虚头巴脑的东西，花架子的东西老百姓一眼就能看出来，得让咱们老百姓觉得实惠，这最重要。……就是说这钱得花在刀刃儿上，要不就是浪费，得能看见真正的变化。（受访者 06）

第四，在实地调查过程中笔者发现，居家养老一线服务人员的素质和能力是影响服务质量的重要因素。目前，社会观念普遍认为，从事养老服务不需要多少专业知识和技能，很多人认为四五十岁的中年妇女更能够胜任照顾老人的工作，受过教育的年轻人不会也不应该去从事“伺候”老人的工作，种种原因使得当前居家养老一线服务人员以 40—50 岁、知识水平普遍较低的女性从业者为主。有不少学者指出，现有居家养老一线服务人员普遍存在专业能力水平低、专业素质欠佳、服务意识差等问题。实际上，居家养老服务是一个对服务人员的专业技术能力要求很高的行业，服务人员所具备的专业技能，以及服务的专业性是居家养老服务当前和未来得以开展和持续发展的保障和依靠。

在本次调查中，居家养老一级服务人员以年龄大（50 岁以上人员的占比超过 50%）、学历低（以初中以下文化程度为主）的农村女性为主体，且存在入职时间短、人员流动性大、缺少养老服务培训等问题，大部分服务人员的专业能力、专业素质还有较大的提升空间。

本以为伺候老人挺容易的，之前在家里也伺候过我妈，觉得自己多少算是有点经验，但是真正干起这个活儿来才觉得也挺难。刚来没几天就安排我给一个80多岁的老头儿洗澡，有点儿害臊，一开始也不太会洗。（受访者20）

确实需要培训，照顾人真不是件简单的事儿。我刚来的时候仗着自己年轻，觉得自己能把一个卧床的老人抱起来，不过试了几次都不行，这得使巧劲儿，还不能伤到老人。老人的骨头都比较脆，尤其是长期卧床的，多数都有骨质疏松，抱的时候得注意很多地方，不能蛮干，这些都得需要学习。（受访者18）

第 7 章　提升政府购买居家养老服务绩效的建议

本章主要基于研究中的发现，对当前政府在购买居家养老服务中存在的问题进行了总结，并提出了相关的政策建议。

7.1　政府购买居家养老服务中存在的问题

近年来，河北省的多个地级市均尝试开展了政府购买居家养老服务工作，并取得了可喜的成效，对于提升居家老年人，尤其是特殊困难老年人的生活质量意义重大。但由于起步较晚，相关经验并不丰富，在服务购买、生产及递送过程中仍存在一些问题，从而严重影响了服务绩效。

第一，前期需求调查不足，服务内容与老年人实际服务需求的对接不够精准。本次调查发现，政府购买服务清单中的一些项目与老年人的实际服务需求并不完全匹配，像心理咨询、辅助社会交往等服务项目的使用率非常低，这类项目可能并不是大多数老年人目前最迫切的。另外，由于老年人对政府购买居家养老服务的相关政策了解不够，导致部分老人对免费或低价的居家养老服务持怀疑或观望态度，担心是商家打着政府的旗号招摇撞骗，无法放心使用居家养老服务，这需要政府和养老机构进一步加强宣传和引导。

概括而言，政府购买居家养老服务就是政府出资向符合条件的社会组织购买居家老年人日常生活所需的养老服务，因此，所购买的服务项目必须以老年人的养老服务需求为基础，这就要求政府在制定采购目录或清单之前要切实做好居家老年人养老服务需求的前期调查工作，扎实的前期需求调查是提升政府购买绩效的关键环节。

第二，对社会组织的服务承接能力考核不够全面，门槛标准设置缺乏合理性。在政府购买居家养老服务的过程中，社会组织的服务承接能力至关重要，设置合理的招投标门槛就是为了更好地检验机构的服务承接能力，这不仅关系到服务质量，更关系到整个居家养老服务行业的健康发展。

本次调查发现，当前河北省多地在推行政府购买居家养老服务时，较少对投标商的行业背景、服务特色、服务专长进行有效梳理和考察。如在招标过程中，往往将考察重点放在机构的面积、服务人员数量、硬件设施与财力状况等方面，而对服务机构的相关养老服务经验要求较低，这容易使一些已经开展居家养老服务实践多年，且养老服务经验较为丰富的小规模养老服务组织无力中标，而具有商业背景，如餐饮、家政类的社会组织则更容易中标。此类服务机构虽然有资金和规模优势，但正所谓“隔行如隔山”，由于初涉居家养老服务行业，对老年人的特点和服务需求缺少深入了解，对服务人员的专业培训不足，使得该类服务机构在短时间内难以形成特色服务。在承接政府购买服务的过程中，为了快速扩张规模，实现服务多元化，个别社会组织会通过招收加盟商的方式在短时间内实现迅速扩张，由于对加盟商缺乏有效监管，致使服务提供者缺乏专业性和规范性，严重影响了服务质量。

此外，在招投标过程中，政府要求各服务承接方需要为辖区内的老年人提供“一揽子”养老服务，这就要求服务承接方要具备提供多种服务的能力，按照该标准，部分专精于某类养老服务的社会组织会因此而失去优势。在工作实践中，社会组织由于经营规模、人力、财力等服务资源相对有限，难以做到对各类服务都面面俱到，很多社会组织会选择以某一类人群或某一类服务作为工作的重点，如老年康复、老年餐饮、老年娱乐活动等，并逐渐形成特色和优势。因此，政府需要在前期对社会组织的服务承接能力进行全方位考核，确定承接服务的社会组织最擅长提供何种服务，在后期采购过程中，可以按照服务内容进行招标，而不一定非要按照服务地域进行招标。

第三，缺少合理的定价机制。目前政府购买居家养老服务的价格是政府在参考市场价格的基础上制定的政府指导价，在政府指导价的基础上，服务机构可根据实际成本及市场变动对价格进行小范围浮动。

本次调查发现，老年人对服务价格非常敏感，目前政府购买居家养老服务的基本模式是政府出资与个人出资相结合，即如果符合条件的老年人使用的服务在服务清单中且未超过政府采购的数量，那么相关费用由政府出资，个人无须承担费用，如果老年人使用的服务不在服务清单中或超出了政府采购的数量，则需要老年人自行负担。从服务的实际定价来看，部分服务的价格远高于市场价格，从而大大降低了老年人的使用意愿，这就需要政府在采购前做好养老服务价格调查工作，根据市场价格给出与市场价格持平或略低于市场价的政府指导价，以免超出的服务增加老年人的经济负担，也避免部分服务机构将民生工程变为生财工具。此外，某些承接服务的机构反映，近一两年来由于物价、人员工资等服务成本上涨，服务机构的运营压力较大，服务价格需要相应上调，但目前实行的政府指导价仍是 4 年前制定的标准，最近几年政府指导价并未进行过调整。因此，政府还应建立养老服务价格动态调整机制，及时根据市场行情和实际服务成本，多方听取老年人、服务提供方的意见，制定合理的价格区间。

第四，居家养老一线服务人员流动性大，系统培训不足。本次调查中，居家养老一线服务人员主要来自机构的社会招聘，服务人员以年龄大（50 岁以上人员的占比超过一半）、学历低（以初中以下文化程度为主）的农村女性为主体，且存在入职时间短、待遇低、人员流动性大等问题，很多居家养老一线服务人员入职后很难坚持下来。此外，由于居家养老一线服务人员离职率高、流动性大，很多服务机构在招聘时期待服务人员能够“即插即用”，鲜有对一线服务人员进行系统的养老护理专业培训，使得服务人员整体的专业能力、专业素质较低，不利于服务质量的提升。

第五，在服务绩效评价方面缺少第三方评价机制。目前，政府将更多精力放在了前期的招投标环节，对服务绩效评价环节重视不够，绩效评价多以政府评价和机构自评为主，较少引入第三方评价，未能形成较为成熟的第三方评价机制。借鉴国内成熟地区的经验，政府应将主要精力放在政策制定及贯彻落实上，在绩效评价中，政府不能既当“运动员”，又当“裁判员”，而应尽快建立健全第三方评价机制，借助第三方评价对政府购买服务的绩效情况做出客观、准确的评价。

7.2 提升政府购买居家养老服务绩效的建议

7.2.1 开展需求调查，精准掌握老年人的养老服务需求

在现代社会，养老绝不仅仅是老年人个人和其家庭的事情，同样也是政府和社会的责任。政府在制定养老政策、购买养老服务时，首先需要了解的就是老年人的养老服务需求有哪些，脱离了老年人的养老服务需求，养老政策和养老服务就是无源之水、无本之木。即使政府投入了大量的人才、物力、财力，也无法将投入转化为有效的产出，无法真正改善老年人的实际生活质量。

因此，政府应根据居家老年人的实际生活状况，建立以老年人养老服务需求为核心，家庭、社区、社会组织等各方力量广泛参与的老年人养老服务需求反馈及满足机制。老年人养老服务需求调查及满足机制应具体包括以下 3 个环节。

第一，要清楚、明确地了解老年人现阶段到底有哪些需求、需要何种服务，这些需求和服务是否能够在家庭内部由家庭成员解决。

第二，若老年人的养老服务需求无法依靠家庭内部力量解决，那么就需要外部力量（社区、社会组织、政府）进行介入，这时需要明确社区能够为老年人及其家庭解决何种问题、满足老年人及其家庭何种需求，社会组织能提供何种帮助，政府需要提供何种支持。

第三，政府应扮演重要角色，起到关键性作用。政府在明确老年人养老服务需求的前提下，可以制定相关政策，从人力、财力、物力及组织上对老年人

及其家庭，以及社区、社会组织提供实际支持和政策保障；可以通过向社会组织购买服务的方式，由社会组织向老年人提供服务。此外，在满足老年人共性的养老服务需求的基础上，还应考虑和满足老年人差异化的养老服务需求。

7.2.2　培育和规范社会组织，提升购买服务的效率和质量

社会组织的数量和服务承接能力直接影响到居家养老服务绩效。有能力提供居家养老服务的社会组织越多，越有利于行业的健康发展。只有培育更多的社会组织，让更多有能力的社会组织参与到居家养老服务中来，形成良性竞争，居家养老服务的效率和质量才能得到更好的保障。政府购买居家养老服务既是政府行为，也是基于市场经济运行法则的契约行为，政府与服务提供商签订的合同具有法律效力。政府购买居家养老服务的流程可以概括为：首先政府发布招标公告，向全社会公开发布招标内容，主要包括政府需要购买的居家养老服务种类、金额、起止时间等；然后是符合竞标条件、具备相关资质的社会组织竞标；最后政府需要与中标的服务提供商签订合同，明确各自的权利、义务等相关内容。因此，在竞标环节，参与的社会组织越多，竞争越激烈，越能够优中选优，从而更大程度上保障居家养老服务质量。但与西方发达国家相比，我国的社会组织，尤其是提供居家养老服务的社会组织起步晚、发展慢，严重制约了投标商的数量和质量。因此，为了提升政府购买居家养老服务的绩效，就需要培育更多的从事居家养老服务的社会组织，让更多的社会组织参与到居家养老服务中来。

那么应该如何培育和规范居家养老服务组织呢？

首先，政府要出台相关政策，建立公平、规范的行业准入机制，鼓励更多的社会资本进入居家养老服务行业，促进居家养老服务行业的规范化及可持续发展。鼓励以公建民营、民办公助、政策补贴等多种方式兴办居家养老服务机构，简化行政审批流程，积极引导社会团体、慈善机构、企业、个人等社会力量参与到居家养老服务行业中来。同时，政府应在用地、税收、水电等方面给予政策优惠。

其次，要出台一系列的政府指导性文件和行业规章制度，规范服务提供商的行为，引入独立的第三方专业评价机构，加强居家养老服务业信用建设和监管，建立服务提供商黑名单制度和市场退出机制，将服务提供商的信用等级作为投标资质的重要衡量因素，对于那些不按合同提供服务、以次充好、服务质量低下、损害老年人权益的服务提供商要予以严惩，加强对行业的监管，进一步提升居家养老服务质量。

7.2.3 提高各级政府购买居家养老服务的管理能力

居家养老服务作为公共服务的重要组成部分，是一项关系国计民生、惠及千家万户的民心工程，体现了党和政府对广大老年人的深切关怀。近年来，政府用于购买居家养老服务的资金逐渐增加，但与此同时，政府对该领域的管理能力却并没有显著提升，主要体现在政府购买居家养老服务机制不完善、购买服务的持续性不强、服务监管不到位、缺少第三方评价等，造成了一定程度的资源浪费，制约了服务绩效的提升。因此，需要对政府在服务购买中的职能进行合理定位，提升各级政府的管理能力和管理水平。

在服务购买中，政府的作用是通过制定政策、提供资金、优化营商环境促进居家养老服务行业的发展，以及按照合同约定对服务提供商进行监管，保证服务质量，及时处理和化解服务递送过程中出现的各类纠纷和矛盾，规范居家养老服务的行业秩序，确保居家养老服务市场的健康发展，保障老年人享有使用服务的基本权益。为此，政府应扮演好以下几种角色。

一是居家养老服务政策的制定者。在政府购买服务的过程中，作为出资方和政策制定者，政府需要为购买行为的实施，以及后续服务行为的开展提供规范和指导。因此，政府需要出台一系列可行、合理、明确、可操作性的政策措施，如制定政府购买居家养老服务的规范流程、明确竞标商应具备何种资质、建立服务提供商信用体系及进入与退出机制、建立居家养老服务监管制度、制定一线服务人员专业技能培训和能力认证政策等。

在制定政策的同时，政府还应加大对相关政策的宣传力度。本次调查发现，很多老年人对于居家养老服务政策的知晓度较低，老年人一开始并不知道可以享受政府购买的服务项目，对于无偿使用持谨慎态度，对于一些需要个人申请的服务项目也不清楚。因此，政府需要在社区加强政策宣传与解释工作，保障每个老年人都有知情权和参与权，切实将服务提供给有需要的老年人。考虑到部分老年人，尤其是高龄老人使用智能手机的比例较低，因此在宣传手段和渠道上，应尽量将线上宣传与线下宣传相结合，并将老年人的子女也列入宣传对象，一线服务人员不能一味地等待老年人主动上门寻求服务，而应主动到困难老人家中提供服务。

二是服务购买者。政府对居家养老服务的持续投入是政府责任的体现，也是居家养老服务发展的重要契机。各级政府应在扎实做好老年人服务需求调查的基础上，根据本级政府的财政状况制定科学、合理的购买计划，以保证购买服务的可持续性。今后政府应重点加强居家养老基础设施建设，提高对优秀服务提供商的日常运营补贴，出台一系列财政税收优惠政策，鼓励各类社会资本进入居家养老服务行业。此外，在招投标环节，政府首先应严格按照公开招标、公开竞标的方式确定服务提供商，确保居家养老服务行业的公平竞争和良性发展。针对一些居家养老服务市场发育不成熟的地区，也可以采取较为规范的委托服务方式来选择服务提供商。但随着市场的逐渐成熟，以及服务提供商数量的增多，政府仍应采取公开招投标的方式确定服务提供商。

目前，河北省多地政府的购买居家养老服务仍然属于“救助型”政策，主要针对特殊困难老人起到“兜底”保障的作用，未来随着社会经济的不断发展，政府购买服务政策应由兜底型向普惠型过渡，将政府购买居家养老服务的惠及面扩展到全部居家老年人。另一方面，兜底型政策也意味着政府投入居家养老服务领域的资金相对有限，在资金投入有限的情况下，政府更应根据老年人的养老服务需求制定合理的购买方案，根据老年人的服务需求评价结果确定购买的服务项目数量与服务类别，并合理分配购买资金，在老年人需求集中的服务项目上加大购买力度。在基础设施方面，政府应进一步加强对社区居家养老服务站点、日间照料中心等基础设施的建设和投入，购置必要的软硬件设备并进行无障碍改造，定期组织居家养老一线服务人员开展养老服务知识与技能培训。在资金投入过程中，应厉行节约，避免财政资金的浪费，提高资金的使用效率。

三是监管者。政府购买服务虽然减弱了政府直接生产服务的责任，但是却强化了政府的监管职能，在购买服务的全过程，政府都要扮演好监管者的角色。政府应在以下两方面肩负起监管职责：一方面是对服务质量的监管。政府在与中标商签订的服务购买合同中应明确规定中标方应保质保量地按时完成服务供给，如何保证中标的社会组织能够保质保量地完成约定的服务是服务购买成败的关键，如果一线服务人员在服务过程中存在偷工减料、态度恶劣的情况，会严重影响老年人对服务质量的评价，拉低政府购买服务的绩效。河北省可以借鉴国内政府购买居家养老服务较为成熟地区的做法，尽早出台有关居家养老服务标准化的指导性技术文件，让政府的监管有章可循。如深圳市于2017年颁布了《居家养老服务与绩效评估规范》，文件中对居家养老服务的关键概念、基本原则、基本要求、各类服务内容及质量要求、绩效评估管理等多个方面进行了界定和说明，对于规范居家养老服务行业，提升服务质量意义重大。此外，政府应积极引入独立的第三方评价机构，对所购买的养老服务质量进行及时的追踪和评价，还应发挥公众、服务对象、新闻媒体在服务监督中的作用，以促进居家养老服务质量的提升；另一方面是对服务承接商的监管。目前，居家养老服务主要是通过政府向社会组织购买的方式开展，双方签订的合同规定了双方的权利和义务，政府在履行好自身义务的同时，还要成为“精明的买家”，加强对居家养老服务的合同管理，如政府应及时监管服务提供商是否按合同进度提供服务、是否提供了合同中规定的服务内容、是否存在偷工减料和以次充好等问题。正如美国学者菲利普·库珀所言“为公众做个好交易不只是取决于是否签个合同、跟谁签合同，而是取决于通过合同，从头到尾对整个过程的管理”，加强对服务合同的监管能够对服务承接商的行为及整个服务过程起到监督和约束的作用。

7.2.4 加强居家养老从业人员队伍建设，提升其服务能力与专业化水平

在居家养老服务递送过程中，一线服务人员既是服务的直接提供者，也是服务价值与服务理论的践行者，是政府、社会组织与服务使用者之间的桥梁和纽带，服务的最终效果很大程度上取决于一线服务人员输出服务的质量情况，服务人员的外在形象、服务态度、专业能力、对老年人的关心程度等都会对服务质量和服务效率产生重要影响。本研究表明，一线服务人员的素质、专业知识、专业能力、言谈举止、沟通能力、关怀关心程度等对服务质量有直接且重要的影响。因此，打造一支高素质、专业化、人员稳定的居家养老一线服务队伍是提升服务绩效的重要前提条件。

但当前居家养老一线服务人员普遍存在待遇低、专业知识与能力不足、流动性大等问题，严重制约了服务绩效的提升。今后应从以下几个方面着重加强居家养老服务人员队伍建设，提升从业者的服务能力和服务水平。

第一，政府应完善居家养老服务职业规范。建立完整的职业规范和人才成长机制，是留住专业人才、稳定人才队伍的重要举措。政府应尽快颁布国家养老服务职业标准，建立和完善养老服务人员职业资格准入制度，由政府或服务提供商对居家养老从业人员统一开展岗前培训，全面推行持证上岗制度，加强对养老服务从业人员的职业资格审核。在居家养老发展较为成熟的国家或地区都已制定了具有本地特色的法律或政策，如英国的《照顾标准法》《全民健康服务与社区照顾法令》，澳大利亚的《家庭与社区照料法》《老人照料法》《居家和社区服务标准》《全国服务标准工具》，中国香港特别行政区的《服务表现监察制度》《服务素质标准》，中国广东省深圳市的《居家养老服务与绩效评估规范》《深圳市社区居家养老服务实施方案》等。上述政策、法规对一线从业者的基本能力、素质、准入资格等方面均做了较为详细的规定，在规范行业发展的同时，也有利于提升从业者的整体素质和能力，让一线服务人员认识到自己工作的价值，体会到更多的职业自豪感。

第二，制定居家养老服务培训扶持政策，完善人员培训体系。政府及养老

服务机构应按照居家养老职业化、专业化的标准，对一线服务人员开展技能培训，并为相关培训提供人力和经费支持。在课程设置方面，鼓励各培训机构在达到整体培训标准的前提下，根据市场需求、行业特点、自身优势，设计养老人才课程培训体系，保证学员在掌握基础养护知识和技能的同时，具备一技之长，从而更好地满足市场需求；鼓励一线从业者积极参加培训，可以参考德国"资金池"模式，建立居家养老服务人员技能培训专项基金，将新入职人员和现有从业人员的岗前培训和在岗培训规范化、固定化，对按规定参与资格培训的人员和机构给予经济补贴。

此外，针对居家养老一线服务人员流失率严重的问题，政府应逐步建立居家养老服务人员职称评审制度，不断完善养老服务人员的收入分配与激励机制，根据服务人员的从业年限、专业等级进行补贴，提升服务人员的工资水平；通过岗位津贴或财政补贴等方式缓解养老机构的用人压力，落实居家养老服务从业者的各项保障措施，按时缴纳养老、医疗等各类保险，解决服务人员的后顾之忧。

第三，加强养老服务职业教育。鼓励和支持中等职业学校和高等院校增设养老服务与管理专业，增加专业人才储备。教育模式方面，在理论学习的基础上，着重提升学生的实操能力，培养毕业后能够首岗胜任的养老服务人才。在具体的教学内容方面，既要注重养老服务专业知识与技能的学习，也要根据实际工作需要，丰富教学知识体系，融入管理学、心理学、社会学等相关学科的专业知识，着重培养"能操作、懂管理"的复合型养老服务人才。

第四，充分挖掘社区志愿者，培养潜在的居家养老服务人员。面对当前居家养老服务一线从业者人员紧缺、能力不足的问题，应充分培养和挖掘社区养老人力资源。尤其应鼓励那些具备一定专业服务能力、有时间，并且愿意从事兼职养老服务工作的老年人、全职妈妈、全职爸爸参与到社区居家养老服务中来，为他们提供培训及适合的工作岗位，充实居家养老服务从业者队伍。

第五，注重对居家养老一线服务人员的人文关怀。居家养老服务是一项充满人文关怀的职业，以往我们更多强调的是服务人员要秉持爱心、关心、耐心去善待每一位老年人，但我们也应该注意到，养老服务行业不仅对体力要求较高，而且对情感付出同样要求很高。在居家养老一线服务人员与老年人的接触中，情绪与情感的交流是极为重要的部分，而且是高质量服务必不可少的要素，如《居家养老服务规范》中明确指出，服务人员应“表情自然、亲切，微笑服务”“尊老敬老，富有爱心，宽容、忍让”，汪纯孝曾提出“绝大多数服务性企业是情感密集型企业”。

在服务过程中，服务人员容易出现情感枯竭问题，甚至影响到服务人员的身心健康。因此，养老服务机构必须要重视对服务人员的情感关怀。首先，养老服务机构应密切关注一线服务人员的情绪状况，在工作中实施更加灵活的工作计划，让服务人员有时间放松身心，鼓励一线服务人员参与到服务决策中，提高员工的情感认同和归属感。其次，应建立员工心理健康援助制度。服务人员既是“助人者”，也应在遭遇情绪或心理困境时成为“受助者”。养老服务机构的一个很重要的职能就是帮助员工尽快摆脱工作中不愉快事件的影响。在服务过程中，服务人员可能会遭遇多种突发事件，如老年人突发疾病、被服务对象挑剔甚至辱骂，这势必会对服务人员的心理和情绪产生严重的负面影响。因此，养老服务机构必须在机构内部建立员工心理健康援助制度，及时给予员工人文关怀，为服务人员提供心理咨询和专业督导，帮助服务人员解决其心理和情绪问题。

7.2.5 建立完善的政府购买居家养老服务绩效评价机制

在购买服务的过程中，政府既是居家养老服务的购买者、政策的制定者，也是服务的监管者，尤其在签订购买合同后，政府必须及时掌握和监管服务项目的进展情况、服务的质量情况，以便科学地衡量政府购买服务的实际绩效。当前，河北省各级政府尚缺少成熟的政府购买服务绩效评价机制，因此，应从评价主体、评价内容、评价方法等方面建立和完善政府购买居家养老服务绩效评价机制，最大程度上保证居家养老服务的效果与效率。

第一，在评价主体方面，应引入第三方评价。过去的政府部门内部评价、机构自我评价等方式由于在独立性、专业性等方面的局限，难以全面、客观、准备地对政府购买服务的实际绩效进行评价。在公共服务绩效“由谁评价”的问题上，应借鉴国内外的先进经验，引入第三方评价。实践表明，第三方绩效评价更加专业、更具公信力，在养老服务需求评估、过程评估和结果评估等方面具有天然优势，逐渐为政府和社会所认可。因此，在选择绩效评价主体时，应考虑与各利益方没有利害关系的第三方开展评价，保证评价的客观性与准确性。政府应建立绩效评价奖惩机制，根据第三方的评价结果，与购买服务时约定的服务效果进行对比，对达到购买预期目标的服务承接方给予一定奖励，对于没有完成目标的机构或组织则要进行相应的处罚。

在第三方评价机构选聘条件方面，可遵照 2015 年河北省财政厅颁布的《向第三方购买省级财政支出绩效评价服务管理暂行办法》中的要求。该文件中将参与财政支出绩效评价的评价机构分为两类，即非经营性机构和经营性机构，并对这两类机构应具备的条件分别予以了规定。

非经营性机构包括可提供财政支出绩效评价服务的科研院所、高等院校、社会组织及其他机构等，应具备的条件是：具有高级专业技术职称人员牵头的专业团队；具有从事绩效评价工作的相关业绩；评价组织者根据项目情况规定的其他条件。

经营性机构应具备的条件是：依法在工商部门注册设立，具有独立法人资格，且持续经营 3 年以上；具有一定数量与绩效评价相适应的专业技术及管理人员，且具有一定规模、结构合理的专家支持系统；具有高级专业技术职称或相关执业资格的人数在 10 人以上；具有相关行业管理部门颁发的项目咨询类或财务审计类资质，并优先选择具有从事绩效评价工作相关业绩的评价机构；具有健全的内部管理制度和质量控制制度；具有较好的社会信誉，最近 3 年无违法违规记录；评价组织者根据项目情况规定的其他条件。

在政府购买居家养老服务领域，第三方评价主要是由了解居家养老服务，且长期从事养老服务或研究的学术组织、专业机构人员组成，由他们对政府购买居家养老服务的过程和结果进行评价。

第二，在评价内容方面，既要将服务效率与服务效果相结合，又要将事前评价、事中评价、事后评价相结合。居家养老服务要能够满足老年人的养老服务需求，因老年人群体内部的异质性，其养老服务需求同样存在较大差异，故政府在购买服务时不能“一刀切”，政府或服务提供商应向老年人提供可选择的养老服务清单，让老年人能根据实际需求选择服务项目，从而提高服务资源利用率，避免浪费。因此，政府在购买居家养老服务前，要对老年人开展需求评价，由评价人员对申请服务的老年人的身体机能、认知能力、日常行动能力、收入状况、服务需求等方面进行全面、客观地评价，以识别老年人的养老服务需求，进而实现养老服务项目的精准供给，避免供需不一致导致的资源浪费。事中评价主要是监督服务项目的进展，对服务产出进行中期检查，对存在的问题进行及时调整和纠正。在事后评价方面，坚持服务效率和服务效果相结合，既要考察服务的产出数量，也要考察老年人对服务质量的评价。

第三，在评价方法方面，坚持定量与定性相结合。在政府购买居家养老服务绩效评价的实际操作中，既需要进行定量分析，也需要进行定性分析。定性分析的方法需要依靠研究者主观的、经验性的判断，适用于一些难以量化的指标，如老年人对服务质量的主观感受。定量分析的方法则可以用来计算居家养老服务的投入与产出比、各维度服务质量得分等。定性分析与定量分析各有优势，在居家养老服务绩效评价中需要将两者进行结合，实现优势互补，使绩效评价更加科学、准确。

附录 1

知情同意书

尊敬的受访者：

您好！

我们正在开展一项有关“政府购买居家养老服务绩效评价”的科研项目，您的个人情况符合本项研究调查对象的选取标准，因此，我们诚挚地邀请您参加本项研究。

您是否参加本项研究完全是自愿的，即使您同意参加以后，也可以在任何时间改变主意，退出研究。当您决定退出本项研究后，我们将停止收集您与本项研究有关的数据，并及时销毁已采集的数据和信息，不会继续使用或者透露已经收集到的关于您的数据和信息。

在参加本项研究时，您可能面临的风险、收益及应对方式。访谈中的某些问题可能会引起您对过往不愉快经历的回忆，遇到该种情况时，您可以拒绝回答；较长时间的访谈可能会令您感到疲劳，您可以随时提出休息；您的参与将有助于社区居家养老服务的改进，以及中国老龄科学研究的不断深入。

如果您决定参加本项研究，您会接受 1—2 次访谈，每次访谈时长 40—50 分钟，访谈人员会提前与您约定时间和地点。您提供的所有信息仅供学术研究之用，我们会对访谈资料认真做好保密工作。

研究者声明

我已向受试者（或法定代理人）讲解了“政府购买居家养老服务绩效评价”项目的研究背景、目的、步骤、风险及获益情况，给予他足够的时间阅读知情同意书、与他人讨论，并解答了其提出的有关本项研究的问题。我为受试者（或法定代理人）提供了一个联系方式，当他遇到与本项研究相关的问题或想进一步获取相关信息时可以随时取得联系。我告诉了受试者（或法定代理人）可以在研究期间的任何时间无须任何理由退出本项研究。

研究者签名：　　　　　　　　　　　　　　日期：

受试者声明

研究者向我说明了“政府购买居家养老服务绩效评价”项目的研究背景、目的、步骤、风险及获益情况，并且我有足够的时间和机会提出问题、与他人讨论。研究者针对我提出的有关本项研究的问题都做出了让我满意的回答。我知道当我遇到与本项研究相关的问题或想进一步获得相关信息时应当与谁联系。我阅读了这份知情同意书，决定参加本项研究。我知道我可以在研究期间的任何时间无须任何理由退出本项研究。

受试者（或法定代理人）签名：　　　　　　　　　　日期：

附录 2

访谈提纲

（一）正在使用居家养老服务的老年人访谈提纲

尊敬的爷爷、奶奶，您好！我是“政府购买居家养老服务绩效评价”项目的调研员，我们正在做一项有关政府购买居家养老服务方面的调研，我想了解一下您对于目前居家养老服务质量的意见和看法。我会询问您几个问题，希望您能表达自己的真实意见和想法。您提供的所有信息仅供学术研究之用，我们会对访谈资料认真做好保密工作。您的热心参与将有助于本项研究的顺利完成，在此特向您表示衷心的感谢！

（1）受访者的基本社会人口特征，包括性别、年龄、文化程度等。

（2）您通过社区日间照料中心使用了哪些居家养老服务？包括一直在用和过去用但现在不用的服务。

（3）以上这几种服务都是从什么时候开始用的？过去用但现在不用的服务是何时、何种原因不再使用。

（4）您能简单评价一下以上这几种服务的服务质量吗？或者分别说一下这几种服务在服务质量上还有哪些需要改进的地方。

（5）您在使用服务时是否有过不愉快或尴尬的经历，如果有的话，能讲一下当时的情况吗？

（6）您认为高质量的居家养老服务应该做好哪些方面？

（二）机构管理人员访谈提纲

您好！我是“政府购买居家养老服务绩效评价”项目的调研员，我们正在做一项有关政府购买居家养老服务方面的调研，我想通过您了解一下机构承担政府购买服务的相关情况，以及您对于居家养老服务质量的意见和看法。我会询问您几个问题，希望您能表达自己的真实意见和想法。您提供的所有信息仅供学术研究之用，我们会对访谈资料认真做好保密工作。您的热心参与将有助于本研究的顺利完成，在此特向您表示衷心的感谢！

（1）受访者的基本情况，包括性别、年龄、文化程度、在本机构或本岗位的工作时间等。

（2）您所在的机构是否承接过政府购买的居家养老服务项目？您是否负责过政府购买的居家养老服务项目？

（3）请您对机构承接的居家养老服务项目进行介绍，包括项目来源、项目金额、具体提供的服务种类、服务人数、服务满意度等。

（4）请您介绍一下所在机构在服务质量方面的相关制度，以及您认为高品质的居家养老服务应该做好哪些方面。

（三）一线服务人员访谈提纲

您好！我是“政府购买居家养老服务绩效评价”项目的调研员，我们正在做一项有关居家养老服务方面的调研，我想了解一下您对于居家养老服务质量的意见和看法。我会询问您几个问题，希望您能表达自己的真实意见和想法。您提供的所有信息仅供学术研究之用，我们会对访谈资料认真做好保密工作。您的热心参与将有助于本研究的顺利完成，在此特向您表示衷心的感谢！

（1）受访者的基本情况，包括性别、年龄、文化程度、在本机构或本岗位的工作时间等。

（2）您现在主要为老年人提供哪些服务？

（3）在为老年人提供服务的过程中，您觉得自己应该做好哪些方面？

（4）能否请您比较详细地描述一下您在某次服务中为保证或提高服务质量而采取的具体做法。

（四）政府工作人员访谈提纲

您好！我是“政府购买居家养老服务绩效评价”项目的调研员，我们正在做一项有关居家养老服务方面的调研，想通过您了解一下本地政府购买居家养老服务的基本情况，以及您对一些问题的看法和建议。我会询问您几个问题，希望您能表达自己的真实意见和想法。您提供的所有信息仅供学术研究之用，我们会对访谈资料认真做好保密工作。您的热心参与将有助于本研究的顺利完成，在此特向您表示衷心的感谢！

（1）受访者的基本情况，包括年龄、文化程度、目前的工作岗位及具体负责的工作等。

（2）请您简要介绍一下本地政府购买居家养老服务的基本情况。

（3）作为购买方，目前政府如何去评价购买服务的绩效？您参与了哪些工作？

（4）您认为目前政府在购买居家养老服务的过程中哪些方面做得比较好，哪些方面还有待于进一步完善。

（5）目前政府对于居家养老服务的质量有没有相应的监督与评价措施？如果有，是如何进行监督与评价的？

附录 3

政府购买居家养老服务质量调研问卷

尊敬的爷爷、奶奶：

您好！

这是一份为了进行学术研究而设计的调研问卷，问卷采用匿名方式，请您安心作答。答案没有对错之分，您只需填写自己的实际情况和真实想法即可。请在符合您实际情况的表格内画“〇”或如实填写相应信息。您的认真填答对于本项研究的顺利完成至关重要，在此特向您表示衷心的感谢！

我们将严格遵守《统计法》的有关规定，认真做好相关保密工作。希望您可以告诉我们您生活的实际情况，非常感谢您的合作！

“政府购买居家养老服务绩效评价”课题组

2021 年 8 月 10 日

* *

问卷编号：____________________

一、访问地点

省（自治区、直辖市）______________　　地级市__________________

县（市、区）______________________　　乡镇/街道________________

村（居）委会______________________　　机构编号__________________

二、问卷填答方式

A. 访员面访　　　　B. 老人自填

三、访问记录

访问日期				开始时间	结束时间
	年	月	日		
开始					
结束					

调查员签名：________________　　　　日期：______年____月____日

互审访员签名：______________　　　　日期：______年____月____日

审核员签名：________________　　　　日期：______年____月____日

1. 您的性别。

男	女

2. 您的年龄：____________周岁。

3. 您的婚姻状况。

已婚有配偶	离异	丧偶	未婚

4. 您的文化程度。

不识字	小学	初中	高中或中专	大专及以上

5. 您患有下列哪些慢性疾病（可多选）。

白内障、青光眼	
高血压	
糖尿病	
心脑血管疾病（冠心病、心绞痛、脑卒中等）	
胃病	
哮喘	
骨关节病（骨质疏松、关节炎、风湿、椎间盘疾病等）	
慢性肺部疾病（慢阻肺、气管炎、肺气肿等）	
恶性肿瘤	
生殖系统疾病	
其他慢性疾病（请写出慢性疾病名称）	
没有慢性疾病	

6. 您在进行下列日常活动时属于哪种情况。

日常活动	不费力	有些困难	做不了
吃饭			
穿衣			
控制大小便			
上厕所			
上下床			
洗澡			
室内走动			
做饭			
洗衣			

续表

扫地			
日常购物			
上下楼梯			
乘坐公交车			
提起 5 公斤重物			
打电话			
管理个人财务			

7. 总体上，您的健康状况如何。

非常不好	不太好	一般	比较好	非常好

8. 下面表格的养老服务项目中，您目前正在使用的有__________、__________、__________（按使用频率限填 3 项），其中对您而言，最重要的一项服务是__________。（仅需填写数字代码）

01—个人卫生服务	09—日常保洁
02—喘息服务	10—衣物拆洗缝补
03—陪诊就医	11—关怀访视
04—协助移位	12—生活陪伴
05—指导与评估	13—辅助社会交往
06—功能训练	14—心理咨询
07—康复按摩	15—不良情绪干预
08—小时工	

9. 请您根据使用养老服务的实际情况，对以下描述做出评价。

相关描述	不同意	不太同意	一般	比较同意	同意
机构内环境卫生、整洁					
服务人员着装统一、干净					
机构内所需的服务设施齐全					
服务人员值得信任					
服务人员能够在约定的时间，准时为您提供服务					
服务人员具备专业技能（如制作营养餐、护理服务、卫生清洁等）					
服务人员具备专业知识（如懂得饮食营养搭配、康复护理等）					
服务人员言谈举止很有礼貌					
服务人员很有耐心					
服务人员对您很关心					
服务人员总是能够及时地解答您的问题					
服务人员能够考虑您的情况，为您着想					
服务人员总是尽力满足您的需求					
服务人员重视您的个性化服务需求					
服务人员能够根据您的要求，对服务进行调整					
总体上，服务能够满足您的需求					
总体上，服务效果符合您的预期					
总体上，您对服务效果很满意					

衷心感谢您的配合，祝您身体健康、生活幸福！

参 考 文 献

[1]姚远.对中国家庭养老弱化的文化诠释[J].人口研究,1998,22(05):48—50.

[2]刘一伟.互补还是替代:“社会养老”与“家庭养老”——基于城乡差异的分析视角[J].公共管理学报,2016,13(04):77—88.

[3]穆怀中,陈曦.人口老龄化背景下农村家庭子女养老向社会养老转变路径及过程研究[J].人口与发展,2015,21(01):2—11.

[4]朱冬梅.养老服务需求多元化视角下的社会组织建设[J].山东社会科学,2013(04):48—51.

[5]颜秉秋,高晓路.城市老年人居家养老满意度的影响因子与社区差异[J].地理研究,2013,32(07):1269—1279.

[6]孙鹃娟,沈定.中国老年人口的养老意愿及其城乡差异——基于中国老年社会追踪调查数据的分析[J].人口与经济,2017(02):11—20.

[7]王莉莉.基于“服务链”理论的居家养老服务需求、供给与利用研究[J].人口学刊,2013,35(02):49—59.

[8]吕新萍.院舍照顾还是社区照顾?——中国养老模式的可能取向探讨[J].人口与经济,2005(03):8—13.

[9]姜爱华.政府购买公共服务绩效及影响因素文献述评[J].中国行政管理,2016(05):38—42.

[10]郭竞成.中国居家养老模式的选择[J].宁波大学学报(人文科学版),2010,23(01):112—117.

[11]梁波. 政府职能转变与基本公共服务体系的构建[J]. 探索，2013(03)：72—75.

[12]秦艳艳，邬沧萍. 我国城市社区居家养老服务体系中政府职能分析[J]. 兰州学刊，2012(01)：123—127.

[13]高珊. 河北：全省城镇街道居家养老服务中心覆盖率达 100%[N]. 河北新闻网，http://hebei. hebnews. cn/2021-03/25/content_8433970. htm，2021-03-25.

[14]叶托，胡税根. 政府购买社会服务的绩效评估指标体系研究——基于德尔菲法和层次分析法的应用[J]. 广东行政学院学报，2015，27(02)：5—13，45.

[15]卓越. 政府绩效管理导论[M]. 北京：清华大学出版社，2006.

[16]张少春. 政府公共支出绩效考评理论与实践[M]. 北京：中国财政经济出版社，2005.

[17][美]埃莉诺·奥斯特罗姆等著，陈幽泓等译. 制度激励与可持续发展[M]. 上海：上海三联书店，2000.

[18]Kearney R C，Berman E M. Publicsector performance：management，motivation，and measurement [J]. Journal of Public Administration Research&Theory，1999，13(01)：109—112.

[19]Martin L L. Performance-based contracting for humanservices：Lessons for public procurement[J]. Journal of Public Procurement，2002，2(01)：55—71.

[20]周志忍. 政府绩效管理研究：问题、责任与方向[J]. 中国行政管理，2006(12)：13—15.

[21]王春婷，李帆，林志刚. 政府购买公共服务绩效结构模型建构与实证检测——基于深圳市与南京市的问卷调查与分析[J]. 江苏师范大学学报(哲学社会科学版)，2013，39(01)：109—115.

[22]刘素仙. 政府购买公共服务绩效评价的价值维度与关键要素[J]. 经济问题，2017(01)：17—20.

[23]郁菁.政府购买社会组织社会服务项目绩效评估模式研究[J].华东理工大学学报(社会科学版),2016,31(05):126—132.

[24]刘红芹.政府购买居家养老服务的绩效研究[D].兰州:兰州大学,2012.

[25]储亚萍,何云飞.政府购买居家养老服务绩效的影响因素研究[J].云南民族大学学报(哲学社会科学版),2018,35(04):129—136.

[26]章晓懿,梅强.社区居家养老服务绩效评估指标体系研究[J].统计与决策,2012(24):73—75.

[27]魏中龙,王小艺,孙剑文等.政府购买服务效率评价研究[J].广东商学院学报,2010,25(05):21—25,33.

[28]宁靓,李纪琛.政府购买社区居家养老服务的绩效棱柱模型评价研究[J].中国海洋大学学报(社会科学版),2020(06):88—96.

[29]Slyke D. The Mythology of Privatizationin in Contracting for Social Services[J]. Public Administration Review,2003,63(03): 296-315.

[30] Andrews R, Brewer GA. Social Capital, Management Capacity and Public Service Performance: Evidence from the US States[J]. Public Management Review,2012,15(01): 1—24.

[31] Bertacchini E E, Nogare C D, Scuderi R. Ownership, organization structure and public service provision: the case of museums[J]. Journal of Cultural Economics,2018(42): 619—643.

[32]舒奋,袁平.我国政府公共服务外包绩效影响因素的实证研究[J].浙江社会科学,2012(08):40—45,156.

[33]张开云.农村公共产品供给效率的影响因素分析与路径构建[J].东岳论丛,2009,30(06):134—136.

[34]王春婷.政府购买服务绩效的影响因素与传导路径分析——以深圳、南京为例[J].软科学,2015,29(02):1—5.

[35]徐金燕.政府购买社区养老服务运行绩效影响因素的实证研究——以长沙市为例[J].湖南社会科学,2020(02):157—165.

[36]沈长月,时媛媛,郭牧琦.国内外居家养老服务保障的理论、理念与发展研究[J].广西经济管理干部学院学报,2011,23(02):8—14.

[37]王成,周玉萍.居家养老服务供给中的社会资本困境与培育研究[J].江汉学术,2019,38(05):25—34.

[38]姚有林.对社区居家养老服务专业化的思考与探讨[J].中国民政,2010(11):43—44.

[39]刘蕾,陈绅."群"理论下多元主体合作机制的建构——以社区居家养老服务为例[J].社会治理,2017(02):125—132.

[40]李新辉,艾景涵,胡海峰等.新疆农村维吾尔族、哈萨克族老年人养老认知及养老需求调查研究[J].西北人口,2015,36(02):29—32.

[41]王石泉.老年社会服务需求考察[J].中国社会保障,2006(09):28—29.

[42]谈华丽.论我国城市居家养老服务对象的延展性[J].福州党校学报,2017(03):51—54.

[43]张旭升.政府购买居家养老服务参与主体的行动逻辑研究[D].南京:南京大学,2011.

[44]刘红芹,包国宪.政府购买居家养老服务的管理机制研究——以兰州市城关区"虚拟养老院"为例[J].理论与改革,2012(01):67—70.

[45]马贵侠,叶士华.政府购买居家养老服务的地方性实践:成效、挑战与展望[J].山东社会科学,2015(07):125—130.

[46]张旭升,牟来娣.政府购买居家养老服务的研究综述[J].中共杭州市委党校学报,2013(01):91—96.

[47]王轲.武汉市政府购买居家养老服务实证研究[D].武汉:武汉大学,2016.

[48]裴育.政府采购绩效管理的难点与对策思路[J].中国政府采购,2018(10):16—22.

[49]姜爱华,李镕辰.基于"物有所值"理念改进我国政府采购预算绩效管理的思考[J].中国政府采购,2019(06):64—67.

[50]包国宪.绩效评价:推动地方政府职能转变的科学工具——甘肃省政府绩效评价活动的实践与理论思考[J].中国行政管理,2005(07):86—91.

[51]颜如春.关于建立我国政府绩效评估体系的思考[J].行政论坛,2003(05):17—19.

[52]中国行政管理学会联合课题组.关于政府机关工作效率标准的研究报告[J].中国行政管理,2003(03):8—16.

[53]臧乃康.政府绩效的复合概念与评估机制[J].南通师范学院学报(哲学社会科学版),2001(03):25—29.

[54]范柏乃.政府绩效评估与管理[M].上海:复旦大学出版社,2007.

[55]蔡立辉.西方国家政府绩效评估的理念及其启示[J].清华大学学报(哲学社会科学版),2003(01):76—84.

[56]威廉·N·邓恩著,谢明等译.公共政策分析导论(第二版)[M].北京:中国人民大学出版社,2002.

[57]克里斯托弗·鲍利特著,孙迎春译.重要的公共管理者[M].北京:北京大学出版社,2011.

[58]陈振明.政策科学:公共政策分析导论(第二版)[M].北京:中国人民大学出版社,2003.

[59]贠杰,杨诚虎.公共政策评估:理论与方法[M].北京:中国社会科学出版社,2006.

[60]毛劲歌,刘伟.公共政策执行中的政府绩效评估探析[J].湖南大学学报(社会科学版),2008(05):68—71.

[61]张润泽.形式、事实和价值:公共政策评估标准的三个维度[J].湖南社会科学,2010(03):31—34.

[62]金敏力,周晓世.事业单位绩效评估[M].北京:经济管理出版社,2013.

[63]姜国兵.公共政策绩效评估体系建构初探[J].广东行政学院学报,2012,24(06):7—12,19.

[64]Boyne G A. Concepts and Indicators of Local Authority Performance: An Evaluation of the Statutory Frameworks in England and Wales[J]. Public Money & Management,2002,22(02): 17—24.

[65]王思斌. 社会服务的结构与社会工作的责任[J]. 东岳论丛,2014,35(01):5—11.

[66]陈锦棠等. 香港社会服务评估与审核[M]. 北京:北京大学出版社,2008.

[67]范斌,张海. 社会服务评估发展的历史性观察[J]. 理论月刊,2014(03):5—11.

[68]中国行政管理学会."中国特色社会主义行政管理体制"研讨会暨中国行政管理学会第20届年会论文集[C]. 中国行政管理,2010:9.

[69]徐双敏. 政府绩效管理中的"第三方评估"模式及其完善[J]. 中国行政管理,2011(01):28—32.

[70]黄俊辉. 整合主义视野中政府购买服务的绩效评估模型构建[J]. 广东行政学院学报,2017,29(05):38—48.

[71]李春,王千. 政府购买养老服务过程中的第三方评估制度探讨[J]. 中国行政管理,2014(12):38—42.

[72]陈振明,李德国. 基本公共服务的均等化与有效供给——基于福建省的思考[J]. 中国行政管理,2011,(01):47—52.

[73]林尚立. 国内政府间关系[M]. 杭州:浙江人民出版社,1998.

[74]Sirgy M J, Lee D J, Rahtz D. Research on Consumer Well-Being (CWB): Overview of the Field and Introduction to the Special Issue[J]. Journal of Macro marketing,2007,27(04): 341—349.

[75]白维军. 养老服务高质量发展:何以可能? 何以可为? [J]. 社会科学战线,2019(07):222—228.

[76]姚俊. 居家养老服务市场化:何以可能与何以可为[J]. 兰州学刊,2017(08):152—160.

[77]Charnes A,Cooper W W,Rhodes E. Measuring the efficiency of decision making units[J]. European Journal of Operational Research,1978,2(06):429—444.

[78]徐建闽,柳坤.基于数据包络分析的交叉口信号控制效率评价方法[J].重庆交通大学学报(自然科学版),2021,40(11):47—52.

[79]苏彬彬,卢彦君,王一然,范慧芸,郑晓瑛.基于数据包络模型的我国社区卫生机构资源配置效率分析[J].中国卫生政策研究,2021,14(06):51—57.

[80]郭小青,于晓娜,朱万斌,王洪亮.基于数据包络分析法的秸秆能源化利用的生态效率评价[J].中国农业大学学报,2021,26(03):1—9.

[81]李虹彦.基于数据包络分析的吉林省三级甲等综合医院护理绩效评价研究[D].吉林大学,2013.

[82]Babbie E. The Practice of Social Research(10th Ed.)[M]. Wadsworth Thompson Learning,2004.

[83]Mcintire S A ,Miller L A . Foundations of psychological testing : a practical approach[M]. Mcgraw-Hill,2000.

[84]Kaiser H F. An index of factorial simplicity[J]. Psychometrika,1974(39): 31—36.

[85]Dombrowski S C ,Watkins M W ,Brogan M J . An Exploratory Investigation of the Factor Structure of the Reynolds Intellectual Assessment Scales (RIAS)[J]. Journal of Psychoeducational Assessment,2009,27(06):494—507.

[86]Fabrigar L R,Wegener D T,Maccallum R C,et al. Evaluating the use of exploratory factor analysis in psychological research. [J]. Psychological Methods,1999,4(03): 272—299.

[87]吴明隆.问卷统计分析实务——SPSS操作与应用[M].重庆:重庆大学出版社,2010.

[88]Bollen K A. Structural equations with latent variables[M]. New

York：John Wiley & Sons，1989.

[89]Joreskog K G，Sorbom D. LISREL8：User's reference guide[M]. Chicago：Scientific Software Inc，1992.

[90]Anderson J C，Gerbing D W. Structural equation modeling in practice：A review and recommended two-step approach[J]. Psychological Bulletin，1988，103(03)：411—423.

[91]Brown T A. Confirmatory Factor Analysis：For Applied Research[M]. New York：The Guilford Press，2006.

[92]Fornell C，Larcker D F. Evaluating structural equation models with unobservable variables and measurement error[J]. Journal of Marketing Research，1981，18(01)：39—50.

[93]杨帆，曹艳春，刘玲. 我国老年长期护理服务质量评价指标体系构建与评估——基于AHP方法对顾客感知服务质量模型的修正[J]. 社会保障研究，2019(04)：78—86.

[94]罗小兰，曹艳春. 基于AHP方法的中国城市家庭贫困程度测度指标体系设想与实证分析[J]. 中央财经大学学报，2010(06)：75—80.

[95]李兆友，郑吉友. 农村社区居家养老服务需求强度的实证分析——基于辽宁省S镇农村老年人的问卷调查[J]. 社会保障研究，2016(05)：18—26.

[96]李宋岚，刘嫦娥. 基于平衡计分卡的商业银行绩效考核分析[J]. 财经问题研究，2010(04)：76—79.

[97]乔均，祁晓荔，储俊松. 基于平衡计分卡模型的电信企业绩效评价研究——以中国网络通信集团江苏省公司为例[J]. 中国工业经济，2007(02)：110—118.

[98]吉鹏. 政府购买养老服务绩效评价研究[D]. 南京：南京农业大学，2016.

[99]袁有杰. 模糊评价法在政府部门绩效评估中的应用[J]. 统计与决策，2006(01)：70—71.

[100]李晓园，陈颖. 基于模糊综合评价法的易地扶贫搬迁绩效评价及政策

建议——以修水县“进城入园”扶贫搬迁工程为例[J]. 江西师范大学学报(哲学社会科学版),2019,52(03):130—137.

[101]柳志,王善平. 精准视角下扶贫绩效模糊综合评价——以湘西土家族苗族自治州为例[J]. 云南财经大学学报,2020,36(05):104—112.

[102]Charnes A,Cooper W W,Rhodes E. Measuring the efficiency of decision making units[J]. European Journal of Operational Research,1978,2(06):429—444.

[103]曾珍香,顾培亮,张闽. DEA 方法在可持续发展评价中的应用[J]. 系统工程理论与实践,2000(08):114—118.

[104]张琳,黄明波,张薇,董颖. 基于数据包络分析模型的高校图书馆学科服务团队建设绩效评价研究[J]. 大学图书馆学报,2018,36(06):64—68.

[105]胡税根,莫锦江,李倩. 基于数据包络分析的公共文化科技服务资源配置效率研究[J]. 行政论坛,2018,25(05):99—105.

[106]钱海燕,沈飞. 地方政府购买服务的财政支出效率评价——以合肥市政府购买居家养老服务为例[J]. 财政研究,2014(03):64—67.

[107]昝妍. 政府购买居家养老服务绩效评价指标体系探究(上)[N]. 中国政府采购报,2020-06-23(003).

[108]吉鹏,李放. 政府购买居家养老服务的绩效评价:实践探索与指标体系建构[J]. 理论与改革,2013(03):104—107.

[109]Ryan C. Seeking Quality in Pacific Tourism,In C. M. Hall and S. J. Page(ed),Tourism in the Pacific-Issues and Cases[M]. Landon: International Thomson Business Press,1996: 146—160.

[110]Garvin D A. What does a product quality really mean? [J]. MIT Sloan Management Review,1984,26(01): 25—43.

[111]Parasuraman A,Zeithaml V A,Berry L L. A Conceptual Model of Service Quality and Its Implications for Future Research[J]. Journal of Marketing,1985,49(04): 41—50.

[112]Coulthard L J M. Measuring service quality: A review and critique of research using SERVQUAL[J]. International Journal of Market Research, 2004,46(04): 479—497.

[113]Parasuraman A,Zeithaml V A,Berry L L. SERVQUAL: a multiple-item scale for measuring consumer perceptions of service quality[J]. Journal of Retailing,1988,64(01): 12—40.

[114]Oliver R L. Measurement and Evaluation of Satisfaction Process in Retail Settings[J]. Journal of Retailing,1981,57(03): 25—48.

[115]Carman J M. Consumer Perceptions of Service Quality: an Assessment of the SERVQUAL Dimensions[J]. Journal of Retailing,1990,66(01): 33—55.

[116]Brady M K,Cronin J J. Some New Thoughts on Conceptualizing Perceived Service Quality: A Hierarchical Approach[J]. Journal of Marketing, 2001,65(03): 34—49.

[117]韦福祥.服务质量评价与管理[M].北京:人民邮电出版社,2005.

[118]胡光景.政府购买社区居家养老服务质量评估体系研究[J].山东工商学院学报,2012,26(05):93—98.

[119]杨朔,曹俐莉,侯非等.国际视野下居家养老服务质量测评实践及标准化研究[J].社会政策研究,2017(05):10—17.

[120]吉鹏,李放.政府购买养老服务绩效内涵界定与评价模型构建[J].广西社会科学,2017(11):130—135.

[121]张瑞霞.南京市政府购买居家养老服务质量评价[J].劳动保障世界,2015(03):14—18.

[122]章晓懿,刘帮成.居家养老服务质量模型研究——以上海市为例[J].中国人口科学,2011(03):83—92,112.

[123]杨波,林毓铭,丑建忠.广州市智慧居家养老服务质量评价[J].社会保障研究,2017(04):21—35.

[124]江海霞，张澜，陈雷. 居家养老服务质量评估指标体系构建研究[J]. 广西经济管理干部学院学报，2015，27(02)：7—11.

[125]储亚萍，何云飞. 政府购买居家养老服务满意度的影响因素研究——基于国内四市的调查[J]. 东北大学学报(社会科学版)，2017，19(04)：385—391，398.

[126]吉鹏，李放. 政府购买养老服务满意度指标构建与实证评价——基于江苏三市的调研数据[J]. 人口与发展，2017，23(03)：59—67.

[127]廖楚晖，甘炜，陈娟. 中国一线城市社区居家养老服务质量评价[J]. 中南财经政法大学学报，2014(02)：46—50.

[128]宋雪程. 基于 AHP-FCE 模型的上海市居家养老服务质量评价[J]. 保定学院学报，2016，29(04)：21—28.

[129]陈树文，牟娉婷. 基于模糊综合评价法的城市社区居家养老服务质量评价研究——以大连市沙河口区为例[J]. 教育教学论坛，2014(41)：78—80.

[130]郭奕芬，邓波，彭健，桂绍高. 城市居家养老服务质量模型研究——以南昌市为例[J]. 中国老年保健医学，2014，12(06)：9—13.

[131]张国平，陈祖燕，吴依琳. 政府购买居家养老服务的满意度及其影响因素分析[J]. 常熟理工学院学报，2018，32(01)：52—59.

[132]侯志阳. 城市老年人对居家养老服务的满意度及其影响因素[J]. 北京科技大学学报(社会科学版)，2010，26(03)：31—37.

[133]何兰萍，杨林青，陈社英. 居家养老服务政策效能与老年人满意度研究[J]. 人口与社会，2016，32(02)：39—47.

[134]Zhang Z，Tang M，Lan K，et al. Exploring the Service Quality of Community Care for the Elderly from Multiple Perspectives-Based on a Survey of Eastern，Middle and Western China[C]//2016 IEEE International Conference on Management of Innovation and Technology (ICMIT). IEEE，2016：167—171.

[135]章晓懿，梅强. 影响居家养老服务质量的因素研究：个体差异的视角

[J]. 上海交通大学学报(哲学社会科学版),2011,19(06):23—30.

[136]张雪筠. 天津市老年人居家养老服务需求及满意度研究[J]. 社会福利(理论版),2014(10):38—40.

[137]白岩岩,王裕明,蔡玫珠. 上海市老年人居家养老服务满意度及影响因素[J]. 南京人口管理干部学院学报,2013,29(04):16—21,80.

[138]Fornell C,Larcker D F. Evaluating structural equation models with unobservable variables and measurement error[J]. Journal of Marketing Research,1981,18(01): 39—50.

[139]王琼. 城市社区居家养老服务需求及其影响因素——基于全国性的城市老年人口调查数据[J]. 人口研究,2016,40(01):98—112.

[140]王章安,杨龙,滕雪萍. 南宁市社区老年人群居家养老服务需求[J]. 中国老年学杂志,2015,35(22):6535—6537.

[141]蔡中华,安婷婷,侯翱宇. 城市老年人社区养老服务需求特征与对策——基于吉林市的调查[J]. 社会保障研究,2013(04):45—49.

[142]刘腊梅,范福玲等. 澳大利亚老年人社区居家养老服务及启示[J]. 中国老年学杂志,2017,37(20):5181—5183.

[143]刘志伟. 老年人的消费心理特点及老年市场营销策略[J]. 经济师,2001(06):41—42.

[144]罗亚萍,茹斯羽. 我国发展城市社区居家养老服务的问题与对策——以西安市社区老年餐桌为例[J]. 西安交通大学学报(社会科学版),2014,34(05):84—92.

[145]刘焕明,蒋艳. 社区居家养老为老服务模式探析[J]. 贵州社会科学,2015(11):103—107.

[146]吴玉韶,王莉莉,彭捷. 聚焦服务对象,引入市场力量,加快构建专业化、社会化居家养老服务体系——北京市开展居家养老服务工作的调查与思考[J]. 中国社会工作,2017(14):8—13.

[147]青连斌. 社区养老服务的独特价值、主要方式及发展对策[J]. 中州学

刊,2016,(05):77—83.

[148]菲利普·库珀著,竺乾威等译.合同制治理:公共管理者面临的挑战与机遇[M].上海:复旦大学出版社,2007.